导　言

《国际商务合同》（第四版）对跨国交易中双方的商务合同做了具体阐述。在大多数情况下，与他国贸易商订立协议时会遇到与国内合同谈判一样的问题。例如，无论国内还是国际合同，商务合同双方必须考虑质量的控制、政府法规的服从、知识产权的保护和纠纷的解决。合同的国际性使合同的谈判、履行及强制执行增加了一定的复杂性，因为双方来自不同国家、有不同的文化背景且服从不同国家的法律。

□ 律师观点

国际商务合同必须在法律背景下进行理解。如果你不幸成为一名法律从业者，你会听到人们反复述说一个词语——国际商务合同。毋庸置疑，正是这个词语引起了被公众称为法律术语的这种复杂语言的发展。无论文化和国别如何，世界各地的法律专家都以这个词语作为信条；在向他们提问时，他们的眼睛会流露出深思的目光，眉头紧锁，然后才宣布“视情况而定”（或类似的话）。

法律从业者要接受培训来考虑所有可能性，因此他们努力明确表述每个可能性，不容任何争辩或质疑。例如，如果销售合同要求买方通知卖方所购货物必须符合的特定规格，关于“通知”含义的问题就出现了。买方律师可能说“视情况而定”。在这种情况下，卖方应该知道买方有特殊规格，因为之前已为买方就相同货物完成了五批订单。而卖方律师也可能说“视情况而定”。在这种情况下，买方应给出书面说明，因为在之前的五批订货单中都写明了此规格。因此，律师可将此简洁语句“买方应通知卖方货物的任何特定规格”转换为法律术语：“不管之前是否向卖方订购过任何符合特定规格的货物，买方应该以书面、口头或其他形式通知卖方任何或全部买方要求合同标的物符合的规格。”

□ 跨国贸易简单性与复杂性的对比

本书作者尽力避免使用“法律术语”并尽力确认不同风俗和法律对跨国合同订立、解释和执行的影响程度。为达到这个目的，作者通篇提供了案例以说明不同地区商务惯例的影响，在专门章节中阐述了在不同法律体制下如何看待合同，在术语表中确定了普通法律名词的法律含义。

不过，应事先告知读者：作者是一位律师，而且是一位美国律师。出于这个原因，作者必须承认最好用书面合同确认每个商业关系的美国传统“愉快合作”的信念，因为虽然缔约方提供给彼此共同利益，但他们在获得最佳交易时也有至少潜在的相反利益。当来自不同文化和国家的双方有不同的预期和风俗且服从全然不同的法律时，书面合同就更重要。进行国际贸易的双方开始越来越多地认识到订立书面合同的好处。跨国交易的当事方之间越来越趋于采取特别方式而不仅仅是通过握手来订立合同。

在“国际商务合同有多么简单”这一问题的答案中，作者必须以其所选职业的传统方式回答，“视情况而定”。一方面，任何合同都可用简明措辞表述；另一方面，双方间合同关系的复杂性、权利和义务应该反映在较长且复杂的合同条款中。当双方首次见面并达成协议时，通常来说，他们不愿意考虑什么可能出错，因而简单合同才有吸引力。但如果确实出错，已开始全面行使权利和履行义务的双方，在未防范情况下要做好不能成功执行合同条款的准备。在作者提出“简明措辞”合同条款的同时也加入了警告提示，在提升自己对合同条款是否表明合同意图的意识中提醒你留意潜在陷阱。你应该记住，虽然合同条款应尽可能地清楚明确，但当有必要解释合同条款的含义时——当然，再次强调——取决于解释者的水平。

□ 合同范本

最后，本书对书中出现的合同范本做了些许评论。你会发现这些范本在自己的交易中相当有用。不过，当然要修改合同条款以适合你自己的特殊情况。作者处理了一些常见问题并试着让大家关注这些因合同条款不准确或缺失而经常出现的问题。你要一直注意合同包含自己特殊交易所涉及的权利和风险，并根据自己的特殊情况，寻求律师的帮助来起草或检查合同。如果你决定使用任何合同范本，应注意范本中用来说明可选语句的惯例。这些惯例并不是合同的一部分。可选语句用方括号表示，而方括号里的可选语句用圆括号表示。方括号里包含说明（用下划线表示）和正文。方括号里词句间的斜线表示你必须从中选一个词，当然这取决于你的具体情况。

卡拉·希比

加利福尼亚，奥兰治

国际贸易经典译丛 · 简明系列

国际商务合同

（第四版）

卡拉 · 希比（Karla C. Shippey, J.D.）／著
倪晓宁　刘楠／译　倪晓宁／校

A Short Course in International Contracts

(4th Edition)

中国人民大学出版社
· 北京 ·

目　录

第1章 国际商务中合同的作用

合同是我们社会生活中非常重要的部分，你可能没有意识到自己每天达成了多少合同或协议。从广义上说，合同就是一个简单的协议，确立了数个当事人之间的关系。例如，一对新人交换结婚誓言，等于达成了婚姻合同；一个人有了孩子，等于达成了抚育孩子的合同；消费者选购了商品，等于达成了购买特定数量商品的合同。简单来说，商务合同就是一个协议，是数个当事人出于贸易目的签订的协议。

合同有口头和书面两种形式。书面合同条款可以用简单的备忘录、证明信或者收据记录下来。因为合同关系由利益相左的数个当事人共同订立，在合同条文不明确、模糊或者缺失时，法律通常会对合同条款形成补充和约束，明确合同各方之间的具体关系，并起到保护当事人利益的作用。

当某个贸易商与远在异国的陌生贸易商签订国际商务合同时，这份合同就有更重要的意义。较之与那些来自相同国家和有相同文化背景的商人签订商务合同，拟订国际商务合同的过程更复杂。在跨国交易中，贸易双方通常不见面，他们有不同的社会价值观和社会习俗，他们遵从由不同法律体制下的政府推行的不同法律。这些因素很容易引起误解，所以合同双方最好用书面形式来明确他们对合同条款的共同理解。合同在国际商务交易的以下几个方面有特别重要的作用。

力量的平衡

合同的实质就是利益相左的合同双方实现相互理解。在多数合同中，一方比另一方占更多优势。举个例子，大型销售公司有能力坚持对自身非常有利的合同条款，而不考虑这些条款限制了单个消费者的权利。这个公司会给消费者提供标准格式销售合同，没有可协商部分，消费者要么接受，要么放弃。

□ 合同起草方

合同当事人之间的力量天平往往会偏向合同起草方。即使合同的核心条款经过双方商议已达成一致，但是通常合同起草方还是会增加更利于自身利益的合同条款。例如，如果由卖方起草货物销售合同，卖方会在合同中列入相关贸易条款，规定将货物损失风险在第一可能时间转嫁给买方。

□ 熟悉书面合同的当事人

合同当事人之间的力量的天平会偏向跨国交易中最熟悉书面合同的那方，偏向母国拥有更发达的强制执行体系的那方。在合同中占有优势的一方会坚持采用在其国内普遍适用的合同条款，而合同另一方对这些条款几乎或者完全不了解，只能在劝说下勉强同意。例如，美国合同中通常包含一条“以时间为本”。如果合同中包含了这样的条款，没有在规定时间内成功履行合同的一方就构成重大违约，赋予合同另一方索赔或寻求其他补偿措施的权利。然而，在更重视长期商务关系的文化中，这个条款几乎没有实际意义，由于双方认为长期关系远胜于一锤子买卖，考虑到一方履行合同的困难后，会就此重新谈判并达成共识。

□ 单方强制执行

在通过法律途径强制执行合同的条件下，合同当事人之间的力量的天平则将偏离合同谈判优势方。法院和仲裁机构经常拒绝执行那些不公平或者无理加重合同一方责任的条款。另外，考虑到合同起草方有机会将合同写得清晰明确以利于自身利益，因此，法院和仲裁机构针对这一情形还会对合同条文进行详细解释。

提示

由于强制执行中的问题，跨国交易双方应该避免不公平获利。若合同符合商业公平惯例，则会鼓励合同双方履行义务，避免一方申请强制执行合同，也就避免了强制执行带来的执行成本。

跨境权利和义务

在任何一个合同中，都必须清楚地设置各方的权利和义务，这非常重要。如果有关权利和义务的条款缺失或者模棱两可，那么除非先进行修改，否则合同当事人可能将无法履行合同。而且，这会导致无法预测合同被强制执行的结果，因为法庭必须根据自己对双方意图的理解来解释合同条款。

□ 国际商务惯例差异

一般情况下，当商务合同由来自同一国家的当事双方订立时，合同双方可能会按照他们熟悉的本地法律和惯例订立合同，合同中的缺失或不明确条款可由当地法律或惯例补充。如果合同双方来自不同国家，那么他们遵循不同的法律体制，无疑也会使用不同的商业惯例，因而他们的真实意图不容易被察觉。正因为如此，在国际商务合同的条款中注明合同双方的权利和义务是至关重要的。

□ 国际法律

考虑到贸易双方在订立国际商务合同中面临的困难，国际社会开始在国际贸易中采用国际法律体系和国际规则，以取代原先不同国家当事双方采用的各自所在国的法律法规。采用统一的国际法律的目的，是要确保贸易各方在跨国交易中都遵守相同的法规，而不考虑他们母国的法律是否相同。如果国际销售合同当事人的所在国都加入了某个国际公约，例如《联合国国际货物销售合同公约》(CISG)，至少他们可以依靠国际法律来确定某些权利和义务。

一般来说，依赖法律甚至是国际法律来确保对默认合同条款的执行，是不明智的选择。采用国际法律来解释合同，会导致预料不到的甚至是对自己不利的结果。因此，如果一个国际货物销售合同缺少交货时间条款，当卖方未能在一个月之内交货时，买方就可以起诉卖方违约。按照买方国家的法律，该合同会因缺失必要条款而视为失效；但是如果法庭采用国际法律，依照行业惯例，可以默认合理的交货时间为两个月，因此法庭可要求双方继续执行此合同。

□ 精确性和可预测性

为了避免不利和不确定结果，在处理国际商务时，最好在书面合同中明确各自的权利和义务。希望你们的合同条款足够明晰，合同双方都知道他们应该做什么以及会得到什么。如果出现违约，很大的可能是，法庭会执行那些明晰的条款（除非这些条款不合理），这样合同双方都能更准确地预测结果。

跨文化预期

起草得好的合同有助于确保多元文化背景的当事人就彼此的权利和义务达成相互理解。参加谈判的所有当事人都带有个人预期，这些预期转而会影响他们对合同条款的理解。对一方合理的条款可能对其他方不合理，在这种情形下缺失的是相互理解，而相互理解是拟订可执行合同的必要因素。

解决上述问题的关键在于起草一个协议，其中应该包括反映国外当事人国家文化的条款，同时也要牢记自己的要求。这种起草方式要求你理解对方国家的文化，以便明确其与本国文化的差异程度。合同条款应当简单明了，这样双方才可以更清楚地理解合同条款，尤其是要把合同内容翻译成对方国家语言时。应该回顾条款中的缩略表达、法律术语以及你熟悉而对方不熟悉的俚语表达，这些部分应该用平实的术语表述，确保双方都能准确理解。

另外，你需要确定对方对国际商务的熟悉程度。如果对方做国际贸易已经有段时间，那么对方很有可能已经对跨文化间的贸易有了一定理解。在谈判过程中，应该探索对方的经营历史，这样你就能以适合的复杂程度起草合同。

一个反映双方文化预期的合同，更有可能以贸易双方满意的方式履行。相互理解不仅仅意味着贸易各方在签合同之前都了解各自的权利和义务，也意味着各方也完全同意各自的权利和义务。当双方对合同权利和义务的解释不同时，会产生典型的贸易纠纷。一份确保对各方文化多样性表示相互理解的合同将有助于避免或者至少有助于解决随后发生的分歧。

10 个要点助你获得文化成功

跟随东道主的指点

练习基本的礼貌和商务礼仪

聚精会神、饶有兴致地倾听

将手部动作和身体动作减少到最小幅度

说话坚定有信心，使用热情的语调吸引他人评论，避免高谈阔论和言语粗鄙

亲自签署所有的往来信件

迅速处理询盘和订单

询问对方的语言，必要时安排翻译

避免一概而论和先入为主

学会自嘲，重要的是要真诚地自嘲

参见 *A Short Course in International Business Culture*, World Trade Press.

个人承诺

当与远在异国的贸易商做生意时，你可能不确定他执行合同时对承诺的履行程度。无疑，你对这场交易是有诚意的，但是你完全不确定对方是否有同样的诚意。准时交货对对方是不是像对自己一样重要？对方有没有承诺生产符合质量要求，或者提供超过质量预期的高质量产品？合同各方在履行交易的过程中兑现原来对合同内容的承诺，在承诺兑现的基础上，信任随之建立，这样的情形对包括国内交易和国际交易在内的任何交易都特别重要。

由于在本国贸易中，各方遵循相同的商务惯例，获取对方履行承诺的证据相对容易，相比之下，国际商务中的各方通常遵循不同的商务惯例，因此获取履行承诺的证据就困难多了。口头同意履行合同义务的一方相当于对另一方做了一个保证，但是这个承诺的具体内容只取决于一方对另一方的诺言。在很多文化中，只有贸易双方亲自会面后才会达成交易，握手就是对诺言的保证。然而在另一些文化中，商人在作出最后承诺之前，会坚持先签订正式或者非正式的书面合同。

在与另一文化的贸易商做生意时，应当牢记他们用于表达承诺的方式可能有哪些。你必须在交易谈判之前，决定是否接受对方流露承诺的迹象，是否坚

持自己的意见抑或妥协。如果你亲自会见了对方，与其握手并获得对方的尊重和信任，那么你就能判定用口头协议表达这个交易的承诺就足够了。

如果你觉得口头协议不妥当，在你寻求书面协议之前必须考虑对方的文化。对方可能来自习惯订立书面合同的国家，这样的话无须太多麻烦，只要简单地告诉对方你会做成书面合同然后寄给他们签字，即可解决问题。然而另一方面，如果对方作出承诺的惯例是握手，这时候坚持签订书面合同等于让对方感到受了侮辱，此时可以用间接方式来解决问题。例如，你可以巧妙地解释一下你们国家的习俗，并询问东道主所在国的习俗，接下来，如果东道主表示理解，你可以提议用非正式的函件或备忘录作为折中方案；如果东道主不能理解，你只能要么同意要么放弃握手交易，这取决于你是否想做成这笔生意以及是否愿意担负风险。

如果之前双方合作过，你会很乐意接受这个握手承诺来达成生意，但这是一个特例而不是规则。在订立国际商务合同时，最好总是坚持保留有关个人承诺的书面证据，即便只是交换简单的备忘录也胜过什么书面文件都没有。当你同意在国际市场上买卖商品时，必须遵守两个或多个国家之间有关进口、出口、海关、消费者产品、商品标识、运输和其他贸易管制法律等规定。因此与国内交易相比，跨国交易有关条款的执行会耗费更多的时间和金钱成本，确保另一方拥有共同的承诺无疑是此时明智的选择。

适用法律

在进行国际贸易时，贸易各方经常自认为可以用自己国家的法律和惯例来进行操作，但这种想法是不正确的，会导致严重的误会。进行跨国交易时，不仅应当遵守本国法律，还应当遵守贸易所在国法律。这不是指你的身体要进入另一个国家并服从其法律，而是指仅通过邮件或者电子方式销售商品就可以建立起足够的联系，让你受到另一个国家法院的司法管辖。

通过在合同中明确表述出该合同的适用法律，在一定程度上可以控制特定交易中适用于合同的国家法律。但是在选择合同的适用法律方面，合同当事人并没有完全的自由。大部分国家都有相应的法律规定，赋予国内司法裁判权以更高的权限来处理特定类型合同，比如那些涉及土地交易的合同。

即使法律条文有缺失，有关合同适用法律方面的决定也几乎一直留给法院自由裁定，法院作出的适用法律的决定不一定尊重你已经作出的选择。然而，在实践中只要不违背法律，法院还是倾向于支持当事人先前已经明确的合同意愿。因此，在合同中明确写入合同适用法律的条文，这对今后用何种法律来解释国际贸易合同中当事人的权利和义务有重大意义。

强制执行

随着从国内环境到国际环境的转变，合同强制执行的复杂度增加了。当地法律和惯例通常要求合同方有必要的证据来证明合同条款，在一个国家可能口头合同就足够当证据，而在另一个国家可能要求用书面合同甚至经过公证的协议作为证据。

提示☞

你应该始终设法保全商业约定中最有可能成为证据的部分，即一个精确起草成文的书面合同，以防不得已时进入合同强制执行阶段。记住，如果你有支持协议的明确证据，不但可以避免法庭诉讼，而且会使你在今后商谈合同修订条款中占有更大优势。

大部分法院要求将某些合同以书面形式确立为可强制实施，比较典型的是，总价超过法律规定数额的货物销售合同必须注明可强制实施，不动产销售和租赁合同也必须写明可强制执行。虽然也可以口头订立这种合同，而且可以自愿同意完成合同条款的履行，但是如果出现纠纷，双方的合同权利仍然可以得到强制执行。

补救选择

大部分合同当事人都期盼合同的订立过程一切顺利，而且交易能使双方相互得益。但是这种乐观的期盼更有可能在偶然的机缘中实现，即使是最简单的交易，你也应该考虑未来可能出现的问题。

提示☞

在成功的国际商务交易中，首要的也是唯一的法则是：在争议发生前想好如何解决。

合同刚订立时，交易双方对此都抱着积极心态，这是决定如何处理未来冲突的最佳时机。合同中应该包含涉及补救问题的合同条款，即如果在意外事件中一方没有履行必需的义务，允许另一方寻求补救措施。如果起草合同时双方无法就补偿方式选择达成一致，那么在问题出现后达成一致的可能性就更小了。通过一开始就选择好双方都能接受的补偿方式，合同执行失败时就知道会发生什么了。

必要条款

在大部分国家，国际贸易当事人可以拟订不受法律限制的合同。但是在大部分裁决中，只有当合同当事人彼此同意以下四个基本条款时，法院才会裁定强制执行。

1. 有关商品类型、数量和质量方面的描述。
2. 交货时间。
3. 商品价格。
4. 货款支付时间和方式。

因为以上条款是合同关系的构成要素，无法轻易成为法律默认条款，所以被视为必要条款。每个国际合同都应该包含这四个条款。

□ 国际趋势

目前数个国家的法律趋势，无疑最终也是国家间的国际法趋势是，即使合同中没有包含必要条款的信息，也承认合同是商务交易的基础。如果发生贸易纠纷，而且合同的必要条款缺失或模棱两可，那么可以用贸易惯例和金融惯例来默认双方的意愿，其中的底线是，法官、仲裁人、政策制定者和法律制定者更偏向支持由那些有自知之明的商人达成的交易。相比之下，因为个人和消费者被认为完全受到商人们的支配，他们受到了更多的保护，以防止因那些未包含所有必要条款的合同而受害。无论如何，最好不要依赖所谓的趋势或者默认合同条款，应该始终用清楚明确的书面条款来表明自己的意愿。

□ 支付条款和交货条款

在国际商务合同中，两个更重要的必要条款是支付条款和交货条款。在国际贸易中，必须设置付款方式。假定在国内交易中，贸易商想用本国货币交换商品，那么在国际贸易中，可能会出现对贸易支付币种的选择问题，而且还可能受到外汇管制的约束。所以，应当明确支付条款以确保合同可执行。

在国际商务合同中，还必须对运输和交货条款进行明确规定。与国内合同相比，这个条款在国际合同中有不同的含义。如果合同双方对这个条款的解释不同，有很大的可能性会出现合同违约行为，而更大的贸易风险是招致卖方出现损失。因此，就运输和交货条款达成共识极其重要。

第2章 影响国际合同的问题

文化问题

在对外贸易中的成功，取决于你在认知和尊重其他国家文化方面有多大的适应性。文化差异不仅影响你和外商的谈判，也影响你的产品或服务被外国市场接受的程度。在商务环境中，文化就是一整套的规则，规定了人们的礼节、传统、价值观、沟通技巧和谈判方式，因此决定了特定国家公民间的商业交易进行方式。要获得成功，你必须了解并且对其他文化保持敏感，必须使你的产品和服务符合外国市场的偏好。

文化应被视为适用于人而非适用于国家。尽管针对特定国家有可能确定出一个总体文化，但更有可能的是存在许多子文化。即使已经确定了外商的国家，已经学习了认为会用到的规则，你仍然应该避免先入为主的想法。在今天的世界中，人们处在流动变化中，实际上更重要的事情是，文化是跨国界的，文化规则是不断演变的。

由于在随后的合同中你将会搞清楚许多规则，因此在最初的合同和谈判过程中，文化意识成为最重要的事情。在拟订最初的合同时，首先应立足于搞清楚在这个国家人们是否倾向于严格执行一般性规程，接下来的步骤是要搞清楚那个规程的具体内容，特别是那些会因合同最初谈判产生问题的内容，包括问候方式、殷勤方式、商业伦理、决策过程、性别问题、会谈礼节和商务着装。

最后一步是，必须确定你处理文化问题的态度正确。一旦你研究过规则，学习了你所认为正确的规程，并尝试了实施，那就心甘情愿地打趣一下自己吧。双方在文化上产生失误都是不可避免的，通常幽默能够使最紧张的场面都轻松起来。取出你的文化袖珍指南，向东道主展示上面的规则，向东道主举例说明，然后一起放声大笑。

全球化和一体化趋势

近十年来的潮流是和全世界做生意。20 世纪 90 年代，大批国家间贸易协定如雨后春笋般在世界各地冒出。1993 年，117 个国家签署了关税及贸易总协定（GATT）的乌拉圭回合，并从 1995 年开始执行。鼓励自由贸易的地区协议包括 1993 年的《北美自由贸易协议》（NAFTA）和 1991 年的美国《安第斯贸易优惠法案》（ATPA）。这些新增加的贸易协议已经执行了，其中最重要的一些早于 GATT 条约。

洽谈合同时的文化行为准则

当你约见外商

一定要使用头衔以示尊敬，并等待对方先开始不拘礼节。快速回应对方的询问，使用电话更好。热心但是不过分。允许对方有相同的发言时间。

一定不要匆匆忙忙。提前确定，在对方国家，有朝一日“培养”出商业交易是否属于通常的商务惯例。如果不是，那就达成交易；如果是，那就计划在签署合同之前先建立一种职业关系。如果你正在寻求建立长期合作关系，那么你可能需要数月甚至一年的时间来达成一项长期合作协议。

当你面对性别或种族歧视

一定要保持外表顺从，行为举止职业化，方法合乎礼仪。出示商务名片，带着理解和权威平静地说话，采取坚定的态度。如果可能，带一个商务伙伴或者同事同行，这个同伴作为外商与你具有同样性别或者种族，并事先得到提示必须承认你的权威和才能。

一定不要试图发表有关权利的言论。如果交易很重要，尝试不要冒犯对方并克制住自己不要训诫对方。不要认为来自同一公司的其他人，或者，甚至来自同一国家的其他人有一样的偏见和歧视。

当你开始谈判

一定要展示公司的权威性。了解东道主的判断力水平和有用的社会关系，并在已建立关系的范围中行事。研究双方共同的文化特征和外商的商务惯例。提前确定谈判要点，使你能够以不低于自己底线的价位开始灵活的谈判。在适当的时候插入幽默，讨论变得很严肃时要有保留地平衡双方关系。

一定不要在所有的要点上都显得很灵活。避免明显的冲突或者反复讨论同一个要点。不要立即试图解决每一个对话中的分歧，记住沉默是金。克制住自己不要突然转换声调或者改变举止。

当你面对法律问题

一定要查明是否只是预备性的谈判，或者对方是否有意完成交易。向东道主索要一个会议出席者名单，如果东道主的法律顾问计划出席，那么你得考虑带上自己的律师。如果谈判很紧急，你不确定其中的风险，一定要提前向律师咨询。

一定不要同意任何交易或者签署任何合同，除非你绝对确定自己已经完全理解并完全同意协议双方要承担的所有的权利和义务。

当你参与社交

一定要接受东道主亲切的社交邀请。要准备几个可以引起东道主兴趣的话题，不能用手边正在洽谈的商务问题。要研究交换礼物的文化规范，考虑选择一个可以代表你国家的东西做礼物。

一定不要试图展开社交，如果你的东道主坚持商务并且在会谈时设置时间约束。避免批评东道主的国家，不要提出诸如政治、个人问题和宗教问题等敏感话题。小心不要喝太多的酒。

当你开始研究全球市场，你将看到一个广阔的天地。尽管有一些国家继续自愿保持孤立，但是大部分国家已经开始认识到，发展和改进全球经济策略对促进本国经济增长及维持本国强劲经济实力意义重大。目前，国家间的贸易壁垒逐渐减少，外国的运输和通信基础设施不断得到改善，贸易和商务杂志正在致力于将更多版面投向国际新闻，政府正在修改法律以便于为跨国界交易提供更多的通用性，合同争议的处理和强制执行系统也正在得到改善。

私有商业部门承受了许多来自全球化的压力。社会需求和民众需求，尤其是商务需求，构成政府政策趋势的基础，成为有影响力的手段。大公司和个体商人正在以同样的方式搜寻跨国商务机遇，同时，在不断演变的国际市场，他们也正在寻找达成交易的办法。反过来说，在认识到采用国内法律处理国际商务的困难后，他们的行为正在促进通用国际商务法律的出现。

□ 国际货物销售合同的联合国公约

CISG 适用范围

已被联合国成员国采纳的《联合国国际货物销售合同公约》（CISG）是国际销售领域最重要的发展之一。

CISG 于 1980 年 4 月 11 日在联合国越南大会上被最终确立。然而，取决于成员国决定最终何时加入 CISG，CISG 在不同成员国生效时间不同。于是，新西兰的 CISG 于 1995 年 10 月 1 日生效，而美国的 CISG 于 1988 年 1 月 1 日生效。

成员国有权有所保留地加入 CISG，许多成员国在加入时选择拒绝接受某些 CISG 条款的运用。通常大部分受到排斥的 CISG 条款是包含如下内容的条款：允许以任意方式确立而非用书面方式确立销售合同、出价、价格接受、其他有意图的表示、修改或终止销售合同。

CISG 的目标

联合国成员国采用 CISG 以实现如下目标：

1. 采用共同的规则对国际货物销售合同进行管理。
2. 采用共同的规则对不同的社会体制、经济制度和法律体系负责。
3. 致力于消除国际贸易中的法律障碍。
4. 促进国际贸易发展。

CISG 的应用

如果合同当事方来自不同国家，这些国家是 CISG 的签署国或者会采用签署国法律来裁决可能的争议，那么除非合同当事方特别指明排除 CISG 的应用，否则 CISG 可以用来为当事双方进行商品销售合同说明。CISG 意在澄清涉及合同内容构成、各方权利和义务等要点，但其条款不用于裁决合同的有效性、涉及待售商品所有权的合同的效力以及由于货物导致一方当事人伤亡的责任。

CISG 的条款

如果当事各方完全不能确定其各自义务，那么 CISG 条款首先给出了必须提出以证实货物销售合同构成内容并满足默认条件的要素。大量条款也涉及违约时各种补救方式的应用，包括强制执行、损害赔偿、通过协议修改或终止合同、撤销合同和减轻赔偿。

何时运用 CISG 条款的例子包括如下情况：

1. 卖方做了一个提议，买方接受了。但是卖方声称这个提议不是报盘，因此不构成合同，而买方宣称这种接受就是创建了合同关系。此时，法院会采用 CISG 来判断，CISG 提供了判断这种提议是否构成报盘的依据，即是否提议已经传递给了买方、是否指定了货物和指定了决定货物数量和质量的方式、是否表达了当买方接受提议时卖方受条款约束的意愿。

2. 卖方做了一个报盘，买方仅做有条件的同意，即合同双方按照买方喜好对合同条款进行修改后买方接受报盘。随后买方声明这个报盘构成了合同，但是卖方拒绝承认这个协议。此时，如果法院采用 CISG 解决争端，卖方将获胜，因为 CISG 将“接受”定义为在报盘没有结束时、即时传递给买方并且对相同条款即在没有对报盘作出实质性修改的情况下作出的同意。

3. 处在不同国家的合同方没有指定交货地点，此时对合同条款的补充完善参照 CISG。

4. 卖方没有责任对货物投保直到运抵买方收货地点。如果双方同意采用 CISG，则卖方必须在运输前披露足够的信息以便买方获得保险。

5. 遗漏了送货时间的合同。三个月过去了，买方起诉卖方违约。此时，如果采用 CISG，案子的结果将取决于如何看待什么是合同订立后的合理交货时间。

6. 卖方运送了不符合合同约定的货物，买方拒绝接受并起诉卖方违约。采用 CISG 处理这个问题时，法庭会考虑就合同而言这种改变是实质性的还是非实质性的，如果是非实质性的改变，而且变化非常小，不影响货物的价值和质量，那么合同会被强制执行。

7. 合同要求买家决定接受还是拒绝货物交付，而且没有给出货物验货期。货物交付后堆放在买家仓库中，四天后买方退回给卖方，于是卖方起诉买方违约。如果合同各方未就验货进行规定，依据 CISG，在接收货物之前应当有合理的验货期。

8. 签署了销售合同，但是没有说明货物的价格，随后各方在价格上无法达成一致，卖家拒绝装运货物并声明实际上没有达成合同，于是买方起诉卖方违约。法庭采用 CISG 并进行强制执行，采用类似货物在可匹配贸易情况下可能的售价作为价格。

9. 国际销售合同中未包含有关买方何时为货物汇款的条款，卖方要求买方在货物交付时付款，但是买方接收货物时没有汇款。在 CISG 规定中，如果没有其他条款对此进行了规定，卖方有权在交货的当时当地得到货款。

10. 国际销售合同中没有对各方损失风险的转移进行规定，货物在运输中受损，买方诉卖方违约。法庭采用 CISG 来确定风险何时从卖方转移到买方处。

除外条款

跨国交易中各方所属的国家都已加入了 CISG，仅有这样的事实并不意味着 CISG 就适用于交易，因为存在很多例外情况，而且 CISG 允许成员国对涉及自己公民的条款运用时进行限制。就这一点而言，你应该向本国的法律专业人员咨询，搞清楚你和外国贸易商各自的国家在加入条约时其适用性是否已经受到限制。

CISG允许各方服从自愿退出条款，因此，各方可以针对任何特定合同限制CISG的适用性，甚至完全消除其适用性。为了实行这种例外，各方必须以书面形式清楚地指出，合同不能采用CISG规则或者CISG适用于部分条款。

最后，CISG并不大量用于销售合同，即使各方处于不同的成员国。具体的，在下列合同中不采用CISG：

1. 针对个人、家庭或家用货物进行的销售，除非卖方不知道或没有理由知道货物此项用途。

2. 将大量采用由买方提供的原材料制造销售货物。

3. 主要由劳动供给或者其他服务产生的义务。

4. 拍卖销售。

5. 按照法律补救措施进行的销售，比如按照法院判决执行或者丧失抵押品赎回权。

6. 股票、股份、投资证券、可转让票据或者钱的出售。

7. 船只、海船、气垫船或飞机的出售。

8. 电力的出售。

如果合同受到CISG的约束，并且不在CISG例外情况之列，那么你应当自己熟悉CISG条款。尽管你能清楚说明CISG不适用你的合同，当你和外商打交道时仍可发现，实际上CISG条款对保护你的权利和限制你的风险很有用。而且CISG反映了国际法中不断增长的趋势，即发展统一的法律体系，以确保公平对待来自具有多样化法律规则的不同国家的国民。CISG的条款可显示出更多的理性和对外商的魅力，因此，通过采用CISG，可以在良好的信誉中赢得其他当事方更多的信任，这种信任是商务交易成功的重要基础。

政治作用

政治事件对国家经济具有重要的影响，政治稳定性对一个国家的市场而言是压倒一切的因素，一个稳定的政府就是一笔巨大的财富。同时，一个强劲而增长的经济体将转而起到平定政治混乱的作用。尽管一些人认为在国际私有贸易商业事务中政治家应当几乎不起规制作用，但是双方国家的力量如此紧紧缠绕在一起，使得政治影响毫无疑问总是其中重要的因素。

国际贸易在一国经济中扮演了重要角色，即贯穿历史的始终，政府一直在使用直接或间接贸易壁垒来迫使他国政府或他国政策作出相应改变。贸易壁垒包括联合抵制、配额、关税、进出口限制、许可证、消费者和标签要求以及环境规制手段。一国经常使用贸易制裁来影响他国国内政策或惯例，或者用来抗议某国对其邻国的侵略性行为。有利的贸易偏好满足了那些意欲实施改变的国家的愿望。

作为一个国际贸易商，你必须不断关注政治潮流。一个地区是否稳定，预示着是否能成功在那里建立长期合作关系。

提示☞

随着某个特殊国家放松规制和贸易壁垒，去寻找新的机会。要充分利用本国政府与其他国家贸易的动机。在某个市场上作出商务承诺之前，应该考虑好该国的政治背景和当前政治氛围是否有利于你的贸易。

管制法律

了解法律是你自己的责任，缺少知识并不能成为刑事指控、处罚程序或者民事诉讼中的辩护理由。知晓并理解法律的含义以及本国和外国的贸易界限，这是至关重要的事情。在这些你该知道的问题上，一个有国际法律经验的律师能够给你相关建议。

因为竞争带来的压力，各国正加入到全球化趋势中，因此，对进口、出口和货物销售进行规制的法律正在源源不断出现，发展中国家正从发达国家的法律中得到启示，新的和修订后的法律正被引入到世界各地。为了在世界经济中竞争获胜，大部分国家都意识到，在努力保护本国国民权利的同时，必须向国内贸易商和外国贸易商提供良好的商业导向环境。你应该意识到，无论在哪里从事商业交易或者计划从事商业交易，现存的法律和规章制度正管理着进口、出口、反托拉斯、反腐败、消费者保护、知识和工业产权以及环境问题，必须及时关注这些法律和规章制度的变化。

互联网问题

互联网的潜力，一个新兴电子市场，对于贸易商而言，是一个令人兴奋不已的概念。仅花几分钟，你就能够通过设置搜索条件并发出搜索消息来找出特定的人。你可以开发自己的网站来增加顾客接近公司的机会，产品销售可以用电子式速度达成，供应商可以进行全球搜索，分类广告具有国际价值。

互联网上的贸易商们必须了解其中的陷阱。通过电子方式传递的信息，一直存在安全性问题。在使用互联网传递秘密信息之前，你应该确定对信息进行编码加密。互联网是一个公共领域，如果你将自己的知识产权——商标、著作权、专利材料或者设计等——放在互联网上，那么你应该首先确保其受到保护，免受侵权。

利用互联网做广告，和远离家乡的其他国家进行商业交易，会产生极小的接触，但是这接触仍然有可能使你受到那些国家法院的司法管辖。你也可能因此需要服从那些国家在商业、收入和销售税方面的管辖，同时，你的行为仍然受到所在国的法律管辖，例如那些涉及反托拉斯管制、消费诈骗、不公平贸易竞争的法律。类似的，在你从事商业活动的地方，在司法上可以要求你遵守商业和专业许可证要求。因此，在确定投入之前，要先理解那些使用互联网后涉及的相关法律。

第3章 交易双方——第一阶段

大多数时候，货物销售交易发生在两个当事人即买方和卖方之间。有时，贸易也涉及多个当事人，他们共同购买或合作销售货物，但是合作各方的个人利益在贸易合同中合并成为单一买方或单一卖方的利益。因此，达成的销售合同中总有一个买方和一个卖方。另外，买方和卖方都可以由各自的法律顾问来代表行事。

第三方利益以及合作当事人的个人利益，都不受买卖双方销售合同的直接控制。这些外部利益间接受到双方是否执行合同的影响，但是一般情况下，第三方和单个当事人的权利和风险取决于共同销售协议和分开的买卖合同。因此，如果当事人合作销售一批货物，货物运到后，买方接收并依据合同付款，但是其中一个卖方携款潜逃，其他卖方只能向携款潜逃方而不是买方追索货款，因为携款潜逃方违反了卖方间的合作协议。同理，在交易中，如果买方答应在某一天把货物卖给第三方即零售商，于是零售商安排相应的转售交易，但是如果这批货由于晚到两个月错过转售机会，第三方可向买家追索赔偿。当然，转售协议中的买家（不是第三方零售商）也有追索权，他会向卖方追索交货延迟引起的损失。

提示

如果你向法律顾问咨询更多关于这个概念的解释，你很可能会听到“合同的共同利益关系”(privity of contract)这个术语，也就是说，由于第三方没有被包含在合同的共同利益关系中，所以其权利不受保护。这个简单的术语是复杂法律规则的简短而隐晦的表达，来源于英国普通法。这个术语决定了谁可以执行合同权利，最基本的答案是，合同中任意一个当事人都可以执行合同权利。至于第三方是否有权执行合同这个问题，在考虑合同涉及的具体情况后，最好听律师的建议。

买方

□ 作为消费者的买方

买方消费商品或服务，作为交换要付钱给卖方。买方可能处于消费链的中间位置，在链中购买这些商品或服务并转售给其他的买家消费，或用于生产其他商品或服务后出售。或者，买方也可能是最终消费者，自己使用这些商品或服务而不是转售他人。

□ 买方的目标

不管买方是“中间人”还是最终消费者，买方的目标是要用最少的成本获得质量最好、数量最多的商品或服务。为了达到这个目标，你必须对自己想要购买的商品或服务的市场有一个认识。影响市场最基本的因素是供给和需求。如果市场中有许多供应商，只有少数买家，供应商为了生意会相互竞争，所以你作为买方在谈判中处于强势地位。如果市场中有很多供应商，也有很多买家，因为要面对买家间的竞争，所以你作为买方的谈判地位变弱了，不过由于供应商们也在相互竞争，你仍然有一定优势。如果市场中只有很少的供应商，你的购买选择更少了，这时你的谈判地位最弱。

□ 买方的保障措施

作为买方，你应该寻求质量保证，以免受残次品或劣质服务的影响。对不了解的卖方，做一个背景调查或者相关信息的调查是明智之举。不管你是否购买商品或服务，你都可以要求在卖方办公地点与其见面。如果是大宗交易，你应该要求参观卖方的生产设施。

提示☞

不管是否检测了货物样品，是否观察到了卖方的服务操作，是否查阅了相关信息，是否同意试行一个低风险合同，你都要寻找能证明卖方所声称的生产能力的证据。

□ 买方的隐含成本

当通盘考虑交易成本时，在你同意价格之前，记得加入隐含成本。这些商品或服务实际上耗费了你多少成本？你能收回商品的全部成本并盈利吗？除去服务的实际成本，还能大幅度增加你的利润吗？这些隐含成本可能包含以下内容。

国际海运

如果卖方不负责送货上门，你必须自己安排运输，支付或至少支付部分运输费用，这些运输费用包含在不同运输方式之间转换时由两个或更多托运人产生的费用，如运行成本、卸货延误费、再装货费、检验费以及管理费。

海关报关

如果卖方不负责货物报关，那么你要自己负责。海关报关通常进行两次：第一次，从卖方国家出口货物；第二次，把货物进口到自己的国家。报关成本包括准备符合海关当局要求的文件、等待报关时支付的临时存储费用以及使货物便于检验所支付的成本。在货物通关过程中，你可能需要给某人好处，或雇用进出口经纪人协助办理。此外，你还要向各政府部门缴纳一些费用，包括特殊执照费、许可证费用、海关处理费以及增值税（VATs），因为这些部门控制了你所购货物的进出口。

保险

你应该考虑购买保险来抵御运输中货物的遗失或损毁风险，尤其涉及大额交易时。尽管在运输开始之前或运输过程中，在卖方把损失风险传递给买方之前，买方都很难获得货物保险，但是如果能得到保险，你应该权衡保险成本和货物未以满意状态抵达时可能遭受损失的大小，以确保自己能够承担这个风险。

单一保险问题会涉及产品责任问题。如果你要转售这些商品，而产品责任在你们国家是公认的法律条款，那么对使用商品中受伤的消费者，你负有法律责任。这种类型的索赔曾经立案并获得过数百万美元的赔偿。你应该考虑，如果商品设计或生产有缺陷，是否会引起人身伤害，如果出现受伤事件，你能否担负起产品责任索赔的风险。虽然卖方可能对商品设计和生产缺陷承担主要责任，但如果你知道或者应该有理由知道自己所售商品有缺陷或可能会引起伤害，而没有给消费者恰当的告诫提示，那么你也可能被责令承担部分赔偿责任。

业务中断

你应该考虑货物到达时自己的业务是否会出现中断，是否需要进行培训、安装、测试、维修或者做其他事情来完成货物交接事宜。例如，为确保货物处置得当，安排一位高级经理以方便与供应商交接，这会耗费多少成本呢？

招待成本

不管是否购买货物或服务，招待来访的卖方都会产生成本。对于必须要在卖方的指导下安装或做其他处理的货物，卖方期待你能为其代表提供食宿和交通费用。这些费用可以加到商品的价格中，但也要检查合同，看是否可以得到单独补偿。

第三方费用

当货物或服务进行跨国运输时，由于合同双方都不能控制的因素，例如国家或国际政治事件、海关报关、国家法律和长距离运输，延期交付风险甚至不能执行的风险会增加。如果卖方在执行合同过程中有延误，不管该延误是否能够避免，都可能因此产生合同之外的成本。

失去销路或推迟生产

如果合格货物没有及时运达，或提供的服务不合格，你可能会失去销路或者不得不推迟生产。

临时设施

如果货物没有及时运达，你必须为这些即将运达但不确定何时运达的货物保留仓库。如果服务被推迟，就必须雇用临时工。

货物或服务的退换

执行中的延误，会让你为商品或服务的退换支付成本，此外你还可能必须支付一些额外费用，因为你可能马上需要这些替换品以避免出现更多的延误以及由新延误引起的费用。

卖方

卖方可以是个人也可以是实体，他们将商品或服务投放到消费链中，并接受补偿。卖方处于消费链的起始位置或中间位置。

□ 卖方的目标

不管卖方处于消费链的起始位置还是中间位置，其目标都是在保持生产成本不变或分配最少的情况下，获得最高售价。为了获得利润，卖方像买方一样，也必须了解所提供商品或服务的市场情况，但是供给和需求两个因素的作用相反。因此，如果在市场中有很多卖方，只有少数几个买方，你会因来自其他卖方的激烈竞争处于不利的谈判地位；如果市场中有很多卖方，也有很多买方，则你的谈判地位会因买方相互竞争而有所加强，不过你也会因卖方间的竞争而有不利之处；如果市场中只有很少几个卖方，你会因买方的选择有限而处在最强势的谈判地位。

□ 卖方的动机

作为卖方，你必须提升商品或服务的质量和差异性，以获得所要求的价格。你必须至少承担部分运输成本和报关成本，以使交易更具吸引力。如果你能够提供高质量的客户服务，就会获得公众认可，从而提高信誉和销量，因为买方和卖方的远距离交易使现场交易和快捷服务变得更难，也因此使得高质量客户服务在国际上更加受到青睐。

□ 卖方的隐含成本

国际市场上的竞争尤其激烈，你必须证明自己的货物或服务值得别人出最高价购买。为了保持竞争力，你需要在控制成本的同时迎合市场需求。在为商品或服务定价时，你应该像买方一样考虑隐含成本，因为隐含成本会显著减少利润。

产品改进

国际市场要求对商品或服务加以改进以符合消费国法律或消费者文化偏好。你需要满足法律标签、标识和广告的要求。如果顾客说另一种语言，那么假如你已经把促销手册、品牌名称、说明指南以及提示警告语都翻译成了顾客的语言，你将更成功地渗入这个市场。找到针对市场改进产品和服务的有成本效益的方式非常重要。

国际航运

如果为达成交易作出让步，同意负责全部或部分货物运输费用，那么你必须安排货物运输并支付相关运输成本。

海关报关

基于你能够达成的交易，你可能负责你本国的货物报关，也可能负责进口国的报关。如果买方同意报关，为完成报关你仍然需要给买方提供足够的报关文件。报关成本包括准备符合海关当局要求的文件、等待报关时支付的临时存储费用以及使货物保持良好状态以待检验的保养维持成本。在货物通关过程中，你可能要给某人好处，或雇用进出口经纪人协助办理。此外，控制进出口的不同政府部门也会征收一些费用，包括特殊执照费、许可证费、海关处理费以及增值税。

保险

你应该考虑购买保险，至少要投保到货物运达买方为止，以抵御货物运输中货物遗失或损毁的风险。如果你不为货物投保，那么要确保你能承担得起这个风险。单一保险问题会涉及产品责任问题。作为商品制造商，对在使用产品时受伤的消费者，你负有法律责任。即使是销售其他公司制造的商品，如果你知道或者应该有理由知道自己所售商品有缺陷或可能会引起伤害，而没有给消费者恰当的告诫提示，你仍然负有法律责任。这种类型的索赔曾经立案并获得过数百万美元的赔偿。即使你本国的法律不认可产品责任索赔，在消费者国家你也可能会被起诉并被迫为自己辩护，因为在这种类型的案件中，法庭一般会从一个更广的角度来审视此类案件的司法权请求。你应该考虑如果产品有设计或者制作缺陷，是否会造成人身伤害，如果会，你能否担负起产品责任索赔风险。如果你在本国无法获得产品责任保险，就要考虑能否在产品销售地的司法管辖范围内获得这个保险。

第三方费用

当买方延误了合同或者不能完全执行合同时，无论违约是否能够避免，都会招致潜在支出，而国际贸易的复杂性增加了这种潜在支出。你应该认真考虑其中所涉及的风险，在头脑中记着交易随后可能产生的成本。

临时设施

如果买方不能按照合同规定的时间提取货物或接受服务，并要求延期交易，你必须安排货物的临时贮存或者重新安排提供服务人员的时间表。

费用规避

如果货物销售合同执行彻底失败，你必须找到新的买家。你必须安排将货物运回，并且改造这些货物以便销售给另一个买家。如果是服务合同，作为惩罚，你只能被迫取消旅行安排。

买方的律师

作为买方，你熟悉业务并且对市场有透彻的了解。你可以很快列出你想买的商品，知道最想要的质量和数量，而且如果这些商品的海外产地很少，你至少已经锁定了其中一个产地。

□ 为什么买方要咨询律师？

这个问题最基本的答案是，你还没有做到无所不知，而且你会由于愚昧无知被很多财政和法律困难击败。例如，进行国际采购时，交易将同时受制于卖方国家和你本国的法律法规。在这个过程中你会由于自己的无知而受害。

这时更重要的是，你将会受制于外国政府部门。如果你想在货物出口之前就提货，就必须取悦卖方国家的海关官员；如果你购买了不允许出口的商品，就要承担刑事责任；如果你违约，你会被移送卖方国家法院回答外国法官的质询。

在上述情况下，律师会给你提供一般性的意见，实际上也是必要的意见，内容涉及你进行国际采购时的权利、义务、风险和选择；然后律师会进一步指出你在特定环境中应该特别注意的问题。作为买方，你应该就以下所有主题咨询律师：

法律体制

几乎没有商人能完全理解自己国家的法律体制，更不用说商业伙伴国家的法律体制了。这正是一个有经验的律师能证明其自身价值之处。

卖方国家的法律体制与你本国的法律体制相同吗？相同点是什么？两个法律系统有何不同呢？

不管是国内贸易还是国际贸易，本国政府都会对贸易进行严格管制吗？卖方国家政府的做法呢？你将会遇到什么样的管制规则呢？

在卖方国家与本国之间有影响贸易的条约或者双边协定吗？这些条约在你所在的行业适用吗？你能怎样利用这些条款和协议呢？

在进口或销售货物及服务时，本国会征收什么类型的税呢？卖方国家在出口或销售货物及服务时，会征收什么类型的税呢？

进口和出口

除了为你勾勒出法律体制概要，律师还能提供报关过程中必要的信息。

你能自由地进口你想要的货物或服务吗？限制条件是什么？

本国在进口或销售货物或服务时，必须要有执照或许可证吗？什么样的代理机构可以批准进口和销售？

卖方国家实行出口限制措施吗？

合同

就连最简单的交易都会有一个复杂的合同，正确理解多数合同的含义和微妙之处需要采纳律师的专业意见。

在本国有合同自由吗？在卖方国家有合同自由吗？限制条件是什么？

什么类型的合同关系是你应该考虑建立的？一锤子买卖？分期付款购物？代理还是分销？

为什么你应该签订书面合同？备忘录、采购订单或者相似的表格能足以证明交易吗？

如果你订立了书面合同，为什么你应该支付法律费用让律师来审查合同？为什么不仅仅依赖卖方的律师来审查呢？

什么时候合同开始对你有约束力？相互理解意味着什么？

免责及免受损失

产品的销售和购买涉及风险，也可以说是损失。为了减轻风险和损失，通常必须听取律师的意见。

不管是对你还是对第三方，如果货物或服务是有缺陷的而且会导致人身伤害，你会让卖方采取什么样的补救方法？你自己的责任是什么？你怎样保护自己以及自己的业务？补偿条款的可执行程度怎样？

知识产权和工业产权保护意味着什么？这些权利指的是什么？为什么它们这么重要？如果你没有采取措施保护卖方的这些权利，那么卖方会对你进行怎样的追索呢？

如果卖方违约，在你们国家能采取什么样的补救方法呢？在卖方国家情况又如何呢？

如果卖方违约，保护自己不受损失有哪些不同选择呢？

减轻赔偿意味着什么？你有义务减轻自己的损害赔偿吗？

如果你违约，卖方会有什么权利呢？

什么是非法合同？合同何时被视为无效？合同何时可被撤销？

□ 何时咨询律师？

贸易一开始

寻求法律建议的最重要的时机是在需要法律建议之前。你应该在进行国际采购之前咨询律师，因为所咨询问题的答案会影响你的行为和做法。如果还没有订立合同，那你仍然处于攻势。只要你知道并理解自己的权利和义务，你就有议价能力而且能坚持对自己权利的保护。一旦合同订立，那你的律师只能提供防守建议，即怎样重新谈判、否决、撤销合同或至少让自己在不利交易中的损失降到最小。

在与律师的第一次会面中，你应该了解到与卖方进行合同谈判的背景信息。如果与具体状况有关，律师可以提供最有帮助的建议。你要确保交给律师的是一个经过反复推敲的商业计划，包含相关行业信息、国内业务信息、国外调查信息和潜在业务来源信息。为了你自己的利益，你应该为这次见面做充分的准备，因为律师的时间是你花钱买来的。

交易进行中

在交易中，你是否要咨询你的律师取决于很多因素。如果每个交易都是相同的，而且没有新的问题出现，在交易谈判时就没有必要咨询律师。当情况发生变化时，你应该寻求法律建议。在复杂的交易中，最明智的做法可能就是让你的律师来引导谈判，或者至少在谈判期间给你提供建议。

确定购买

对你的第一次国际采购，明智之举是在同意签署合同之前让律师复审合同并给出建议。律师能指出你应该避免的义务和责任，并且会建议你如何重新谈判合同条款以便更好地保护自己的权利。只要你和律师经历过这个步骤，你就会发现，除非新合同的条款有实质上的不同或者你的处境改变，否则不需要更进一步的法律建议。

执行或重新谈判

如果你面临执行购买或重新谈判两个选择，应该采取的第一个步骤就是给律师打电话，然后与其讨论如何选择。但咨询律师并不意味着你要起诉另一方当事人。律师会就你在重新谈判中的优势和劣势进行回顾并分析你的处境，然后会给你解释在不同的假设情形下，你可能的风险和责任是什么，这样可以帮助你决定是执行合同还是违约。

在咨询过律师之后，就可以选择重新谈判或自己独立与对方解决这个问题，或者可以要求律师代表你出席整个谈判过程。在做这个决定时，应该考虑这些因素，例如议价地位的强弱、卖方国家和你自己国家的法律体制、你与卖方信任关系的发展程度以及对方是否与法律代表在一起行动。如果双方不和已不能修复，你应该向法律顾问寻求帮助。

□ 怎样选择律师？

找律师就像打咨询电话或查询法律目录一样容易，给律师打电话咨询业务，请朋友或家人推荐，或者找到正好在家乡开律师事务所的亲戚。一旦你缩小了选择范围，就能挑出满足以下条件的律师：

1. 十分了解商业和你本国商业管制法律。

2. 十分了解国际商法，或乐于在不耗费你太多额外研究费用的情况下，学习商法中有关国际贸易的部分。

3. 十分了解进出口问题。

4. 在你所属管辖地区以及国外连接起商务资源，或至少想要建立这些联系。

5. 坦诚地建议你与其他专家联系以协助解决不合法问题，而且也愿意代表你去和那些专家联系，例如外国法律顾问、银行家、会计师、评估师以及海关经纪人等。

6. 有外交能力、文化意识、理解国际谈判中的困难，以及乐于成为国际贸易舞台上的一分子。

作为戒律，永远不要用卖方的律师。即使卖方是你最好的朋友，他的利益也与你的利益相左。卖方想要以最低的生产和运输成本获得最高的销售价格，而你想以最低的价格获得最佳质量、最多数量以及最有利的运输条件。如果由一个律师代表你们双方，明显会有潜在的利益冲突，因为律师受伦理和道德的约束，不会在同一交易中给出矛盾的建议。

□ 律师不提供的建议

你当然可以向律师咨询一些通常在其专业建议范围之外的问题。但是，律师的时间十分值钱，你需要付钱购买。因此，最可能的是，律师会告诉你去联系其他服务提供者以获取这类建议。

海关

律师不提供有关报关程序的相关信息，包括必要表格、准入类型、装运前检查的有效性、预先报关文件以及快速报关。海关律师可以在这些方面帮助你，但是如果进口或出口程序很复杂，你应该考虑咨询海关经纪人或货运代理人。

运输

律师在选择运输方式和安排运输方面不是专家，应该咨询货运代理人获取这类信息。

银行

与外汇、贷款、信用证和其他支付工具有关的信息应该咨询银行高级职员。

账户和报税

律师几乎不能创建和维持商务账户与个人账户记录。律师可以在税收责任方面给你建议，一些律师还为客户准备所得税申报单。但如果不是为纳税申报单做准备，最好咨询会计师至少获得保持财务记录方面的建议。

卖方的律师

作为卖方，你已经研究了市场，开发了一系列在国外畅销或即将畅销的产品和服务。你已经研究了商业方面的问题，找到了生产商品和提供服务的最有效方法。你加强了奖励措施和客户支持，以增加所售商品或服务的独特性并超过竞争对手。在这样的情况下，你为什么还应该咨询律师呢？

□ 为什么卖方应咨询律师？

对这个问题的关键回答与对买方问题的关键回答是相同的：你还没有做到无所不知，并且你会由于愚昧无知被很多财务和法律困扰击败。例如，国际销售交易将受制于买方国家和你本国的法律法规。在这个过程中，你会由于自己的无知而受到伤害。

更重要的是，你还受制于外国的各个政府部门。如果你同意送货上门，你必须取悦买方国家的海关官员；如果你的货物是对方不允许进口的，海关管理进口的官员就会没收甚至销毁货物；如果你违约，或者商品缺陷造成消费者环节有人受伤，那么你会被买方国家法院起诉。你的轻率引起反垄断或反行贿监管部门的注意，如果你被发现违反这些法律，就得承担刑事责任。

你需要全面彻底地理解自己在国际销售中的权利、义务、风险和选择，以及在特殊情况下最容易产生的问题。律师会提供在上述情况下的有关国际销售的一般性建议，会理解你当时处境中的问题。作为卖方，你应该就以下主题咨询律师：

法律体制

几乎没有商人能完全理解自己国家的法律体制，更不用说商业伙伴国家的法律体制了。这正是一个有经验的律师证明自己价值所在之处。

买方国家的法律与本国的法律体制相同吗？相同点是什么？两个法律系统有何不同呢？

不管是国内贸易还是国际贸易，本国政府对贸易进行严格管制吗？买方国家的政府是怎么做的呢？在买方国家销售商品需满足特殊要求吗？

在买方国家与本国之间有影响贸易的条约或者双边协定吗？这些条约或者协议适用于你所在行业吗？你能怎样利用这些条约或协议呢？

在出口或者销售货物或提供服务时，本国会征收什么类型的税呢？买方国家会征收什么类型的税呢？

进口和出口

除了为你检查法律体制以外，律师还能为你提供国际运输所需的必要信息。

你能自由地出口货物或服务吗？限制条件是什么？

出口或销售货物或服务给外商时，有执照或许可证方面的要求吗？什么样的代理机构可批准出口和销售？

买方国家实行进口限制措施吗？

合同

就连最简单的交易都会有一个复杂的合同，理解多数合同的含义和微妙之处需要采纳律师的专业意见。

在本国有合同自由吗？在买方国家有合同自由吗？限制是什么？

你应该考虑什么类型的合同关系呢？一锤子买卖？分期付款购物？代理还是分销？你怎样确定想要创建的合同关系就是实际创建的合同关系呢？

为什么你应该签订书面合同？备忘录、发票或者相似的表格能成为足以证明交易的证据吗？

如果你订立了书面合同，为什么你应该支付法律费用让你的律师来审查合同？为什么不仅仅依赖买方的律师呢？

何时开始合同对你有约束力？相互理解是指什么？

本国公认什么类型的担保？在买方[①]国家呢？即使合同中没有清楚地包含担保条款，买方[②]国家有默认担保吗？即使合同明确地排除了担保，还有法律默认的担保吗？

还有什么其他的合同条款是本国法律默认的？或者是买家国家法律默认的？

免责和免受损失

任何交易都包含风险，意味着可能出现损失，而律师的建议在避免或减轻损失方面非常有用。

如果有缺陷的商品或服务导致了顾客受伤，你的责任是什么？你怎样保护自己以及自己的公司？

怎样才能最大限度保护自己的知识产权和工业产权？这些权利指什么？为什么这么重要？在买方国家它们能得到保护吗？要得到保护的程序是什么？对于侵犯你的知识产权或工业产权的买方，你有什么样的追索权？

---

① 此处在原文第25页，为“seller”，意思是“卖家”。但是根据上下文意思，此处应当是“buyer”，即“买家”，疑为原文笔误，故纠正为“买家”。——译者注

② 同上。

你可能遇到什么样的管制问题？有反垄断法、反行贿法、消费者保护法、环境法或是其他相似法律，违反这些法律会承担民事或刑事责任吗？

如果买方违约，在本国会有什么样的补救方法呢？在买方国家呢？

如果买方违约，保护你自己免受损失的不同选择有哪些呢？

减轻赔偿意味着什么？你有义务减轻自己的损失吗？

如果你违约，买方有什么权利？

什么是非法合同？何时合同被视为无效？何时合同可被撤销？

□ 何时寻求法律建议？

贸易一开始

作为卖方，你拥有买方想要的货物或服务，因此你有谈判优势并能经常达成你想要的交易。但是如果你不清楚自己的权利、义务和选择，就会失去谈判优势，因此应该在谈判开始之前寻求法律建议。律师的建议会影响你做的决定，例如有关怎样进行国际销售，销售什么，在哪里销售，什么时候销售，销售给谁。如果你一开始没有咨询律师，除非有人违约，否则你可能都不知道自己所做交易的好坏。假设合同进行得很顺利，比方说已经执行了95%，那么你一定满足于你已经得到的收益，而可能并不清楚自己是否有更强的议价优势以达成更好的交易。如果出现违约情况，很可能是你自己违约，律师不但能够帮你摆脱困境，还会建议你如何在开始就达成一个更好的交易以避免将来可能支付的巨额法律费用。

能否与律师在第一次会谈中就尽可能有成效，这取决于你自己。你应该总结自己经营的历史，概括描述你所做的贸易或所从事的行业，并说明你正在探寻国际贸易机会。然后，律师就能为你量身定做，提出适合你的法律建议。为了自己的利益，要为这次见面做充分的准备，因为律师的时间是你花钱买的。

交易进行中

在交易过程中是否要咨询律师，取决于买方为此考虑的相似因素：交易的独特性以及复杂性。对于合同条款没有重大变化的合同，没有必要持续向律师咨询建议。如果销售合同的条款有实质性不同或十分复杂，那么在谈判过程中咨询法律顾问就是明智之举。

确定购买

在你签订销售合同并完成第一笔国际交易之前，确保律师已经复核过合同条文。律师会说明哪些条文是可执行的，哪些条文是累赘，哪些条文带有隐含风险，以及哪些条文需要修改以确保你的权利得到保护而责任得到限制。每当订立与之前合同有实质性不同的新合同时，在最后签字之前应该向律师咨询。

执行销售或者重新谈判

当买方违约或者你不能完成合同时，打电话给律师。除了“起诉和被起诉”这种很明显的补救方法，律师能提出多种不同的选择并且还能帮你评估自己的形势地位。例如，你能重新谈判、寻求协议与赔偿、避免合同整体责任，或者你可以强迫对方执行合同义务。

无论如何，当你选择自己重新谈判或者与对方调解解决时，无论在背后为你出谋划策，还是在整个谈判过程中作为你的直接代表出席，你的律师都会与你站在一方。如果买方愿意妥协和解，你只需要较少的法律帮助。但是如果你被迫根据买方国家的法律寻求补救方式，律师的存在就成为你的重大的优势。

□ 怎样选择律师？

通常，卖方寻找律师的方法与买方一样，即通过名录指南、推介或者家人朋友的推荐。你应该选择满足以下条件的律师：

1. 十分了解商业和你本国商业管制法律。

2. 十分了解国际商法，或乐于在不耗费你太多额外研究费用的情况下，学习商法中有关国际贸易的部分。

3. 十分了解进出口问题。

4. 在你所属管辖地区以及国外连接起商务资源，或至少想要建立这些联系。

5. 坦诚地建议你与其他专家联系以协助解决不合法问题，而且也愿意代表你去和那些专家联系，例如外国法律顾问、银行家、会计师、评估师以及海关经纪人等。

6. 有外交能力、文化意识、理解国际谈判中的困难，以及乐于成为国际贸易舞台上的一分子。

禁止买方律师代表卖方出席。买方的潜在利益与你的利益相左。买方想以最低的价格、用最有利的运输条件，买到质量最好和数量最多的产品。买卖双方肯定会出现潜在的利益冲突，所以在伦理和道德上，律师都有义务避免给同一交易中的对立双方提供建议。

□ 律师不提供的建议

你当然可以向律师咨询一些通常在其建议范围之外的问题。但是律师的时间非常值钱，你需要付钱购买。因此，最可能的是律师会告诉你与其他服务提供者联系以获取这类建议。

海关

律师不提供海关报关程序的相关信息，包括必要表格、准入类型、装运前检查的可得性、预报关文件以及快速报关。海关律师可以在这些方面帮助你，但是如果你的进出口业务手续复杂，应该考虑咨询海关经纪人或货运代理人。

运输

律师在选择运输方式和安排方法方面不是专家，所以你应该咨询货运代理人获取这类信息。

银行

与外汇、贷款、信用证和其他支付工具有关的信息应该咨询银行高级职员。

账户和报税

律师几乎不能创建和维持商务账户与个人账户记录。律师只能在税收责任方面给你建议，一些律师还为客户准备所得税申报单。但如果不是为纳税申报单做准备，最好向会计师咨询至少获得保持财务记录方面的建议。

第 4 章

起草国际货物销售合同

在进行国际贸易时，必须兼顾买卖双方国家的商业惯例和法律要求。一般来说，贸易双方都有自由达成彼此希望的任何合同条款，但是，两国法律可能都要求所达成的是书面合同。在一些交易中，相关法律甚至指定了全部或部分合同条款。

可执行的必要条款

如果必须寻求强制执行合同，合同在特定国家内是否有效就成为关注焦点。在其他方面，合同条款谈判时你有相当大的灵活性。不过，你应该确保在以下四个基本问题上与对方达成明确共识：货物（数量、种类和质量）；交货时间；价格；以及付款时间和方式。

默认条款

如果合同遗漏了条款，可通过法律的实施来填补这个缺口。如果合同条款不明确、解释不严密或由默认条款或惯例来决定，在出现纠纷时就必须依靠法律来决定自己的权利和义务。就跨国合同来说，默认条款各不相同，取决于适用哪个国家的法律。纠纷将会按照有司法管辖权国家的法律来解决，而司法管辖权在很大程度上取决于法庭的自由裁量权，法庭可以遵循双方就适用法律表达的意愿，或应用其他法律准则，例如合同签署地或当事人最重要合同所在地。

相应地，控制合同结果的最好方法是：通过密切关注所有条款来阐明各方责任，这些责任总是具体的，同时为每种可能都做好应对计划。例如，你同意购买一定数量的特定商品，但是你要怎样接货呢？会有人帮你装箱吗？你想要让全部订单立即发货吗？你想什么时候接货？

检查清单

以下条款为完整而简单的一次性国际货物销售合同订立。并非列出的条款都适用于每个合同安排。提到以下检查清单的目的，是确保你已经和对方尽可能确定了清晰的合同关系，同时确保你已经提前考虑并规定了尽可能多预期到的意外情况。

不管是不是自己亲自起草的合同条款，你都要了解合同里的关键条款，因为坚持保护自身利益取决于你自己。虽然许多国家的法律都默认某些条款以鼓励公平交易，但这种法律通常都通过耗时耗财的法律程序来实施，不管是法庭诉讼、仲裁程序还是调解程序都一样。另外，默认条款的实施取决于无利害关系的第三方，最终结果可能并不如你所愿。最好的做法是，以书面形式从一开始就确定所有的合同条款。这些条款应该包括：

1. 合同订立日期
2. 当事人的身份确认
3. 货物——说明
4. 货物——数量
5. 货物——价格
6. 货款支付——支付方式
7. 货款支付——支付媒介
8. 货款支付——汇率
9. 成本和收费——关税和其他税费
10. 成本和收费——保险
11. 成本和收费——经销和运输
12. 包装整理
13. 交货——时间
14. 交货——地点
15. 交货——所有权转移
16. 运输——承运人
17. 运输——贮存
18. 运输——通知条款
19. 运输——装运时间
20. 运输——保险或遗失风险保护
21. 进口/出口票据
22. 准备发票及交货
23. 再出口禁令
24. 验货权

25. 免责

26. 知识产权

27. 担保

28. 强制执行和补救方法

29. 仲裁条款

30. 时间必不可少

31. 合同的修改

32. 取消

33. 违约金

34. 律师费用

35. 不可抗力

36. 生效和转让

37. 前提条件

38. 适用法律

39. 法院的选择

40. 条款的可分割性

41. 条款的完整性

42. 通知函

43. 绑定的管辖权

44. 独立顾问

45. 接受报盘并执行

简单交易与复杂交易的对比

对于一次性小额交易来说，发票或简单合同都是可接受的形式。这些都是最普通的商务关系。卖方生产或代理一种或多种产品而且拥有许多买者，买方则并不具有产品专有购买权。

对于更多涉及商务的交易或持续性商务关系，正规的书面合同更有利于明确所有当事人的权利、责任和补救方法。涉及资本商品、高信用风险、工业产权或知识产权的合同，则需要特殊的保护条款。在准备这些合同的过程中，从熟悉双方法律的专家处获得法律建议非常必要。

提示☞

在起草国际商务合同的过程中，与每个当事人一起仔细检查合同的每个条款并明确要求对方说明自己对合同的理解，这是非常明智的做法，例如你可以问："你将按照我方托运人的说明承担包装货物的责任，这个条款你明白吗？"如果你关注合同执行时可能出现的误会，可以让各方对全部或部分合同段落进行姓名首字母缩略登记，通常对每一页进行登记是很普遍的做法。有些跨国合同，当各方通过翻译进行数周协商后，会要求对合同的每一段都进行登记。

具体合同条款的解释

□ 合同日期

条款：

本协议在【日期】订立。

注释：通常来说，除非合同中有其他规定，合同的签订日期也是合同的生效日期。如果付款时间或交货时间将参照此日期来设定，那么这个日期就特别重要。例如，合同可能规定“合同签订日期后30天内发货”。

在进行国际贸易时，你应该记住国与国之间日期的习惯格式不同。在一些国家，日写在月前面，而在另一些国家，月写在日前面。为避免混淆，高度推荐的做法是在注明合同日期时拼写出月份。

□ 各方身份

条款：

本合同由【卖方A】、【详细地址和国籍】，以及【买方B】、【详细地址和国籍】共同订立。

注释：合同对在此条款中确认身份的各签字方都有约束力。为确保不出现误会，合同中应写清当事人全名。如果一方是实体公司，应该在合同中披露这个实体的种类（合伙企业、公司、有限责任公司、非营利组织等）。有关这个实体或代表此实体的个人是否有权订立该合同的任何疑问，应该在合同执行之前解决。

一般做法是在这个条款中写明各方地址，即使地址有时还须写在合同末尾紧跟当事人的签名处。这个地址应当是其商业地址。如果一方有多个商业地址，那么合同中给出的地址应当是办公室注册地址或企业总部地址。除非合同中另有规定，这个地址应当是一方的接货和付款地点，以及交易相关通知的送达地点。

在国际合同中，还需包含对当事人的国籍说明。描述举例：“在法国的法律下组建并存续的公司”、“在美国加利福尼亚州的法律下组建并存续的公司”或者“新加坡公民”。

□ 货物——说明、数量和价格

条款：

货物的销售和购买。卖方同意向买方出售，同时买方也同意向卖方购买。【注明是如合同附件 A 所描述，还是按照以下说明的价格和数量的货物：

型号：

说明：

数量：

价格：

款号：

总价：】

注释：这个货物条款中包含了对所有国内和国际合同而言都十分重要的两项，即货物说明和货物价格。对于可执行的合同，通常双方必须就这两项达成一致。虽然一些国家会允许在商务交易中默认这两项，但一般规则是这两项是无法默认的。

如果遗漏货物的说明或说明不够具体，因为无法确认货物，这个合同就不可能执行。如果一个条款的表述清楚到双方都能充分理解并且不会在解释时出现分歧，那么就被认为足够具体。货物可以用型号来描述，可以在计划或者图样中出示或用其他方式说明。对于多种商品，你应该为合同提供一个详细的型号清单附件。

如果双方在价格或者议价方式上未能达成一致，那么法庭不可能强制执行这个合同。你可以指出全部货物的总价或单位商品价格或以其他方式表示的价格，例如每磅或每吨的价格。尽管签合同时没有确定货物的交易数量，不过，一定要在合同中说明确定货物价格的方法（参见第 8 章：起草严谨的合同条款）。在国际商务合同中，在支付条款中使用带币种缩写的价格以避免误会，明智的做法如在数字前写上 HK$（港元）或 US$（美元）。

货物数量也很重要。如果合同中包含多种类型的货物，那么必须写清每种货物的数量。你可以规定数量单位或任意其他计量方式。如果货物用重量来度量，一定要具体说明是用净重、干重还是沥干物重进行计量。

□ 支付条款

条款：

支付条款。买方要支付购买价格【请注明，例如，在（日期）当天或其之前或在交货日期前（数字）天】。货款应该汇给位于【上文规定的地址或其他指定地址】的卖方。货款应该通过【汇款工具】用【币种】支付。

注释：在一次性交易中，卖方在承诺发货之前通常会寻找最安全的付款方式，而买方希望在其汇款之前货物能顺利通关并在令人满意的条件下交货。双方需要在这两个立场之间协商出一个折中办法，且每一方都应该坚持特定的保护条款来减少一些风险（参见第 8 章：起草严谨的合同条款）。

在国际商务合同中，应该指定可接受的币种以及支付工具。选中的币种应当币值坚挺且稳定，并能承受汇率波动的一定影响，而选中的支付方式应当安全。例如，可以通过信用证单据传递或即期付款交单方式来付款，可以通过提前现金付款或电汇方式付款，或者可以通过一定时间内的一系列信用额度来付款。

□ 成本和费用

条款：

成本和费用。买方负责支付以下货物销售和运输中产生的成本和费用：【清单】。卖方负责支付以下货物销售和运输中产生的成本和费用：【清单】。

注释：你应该指定由哪一方支付与销售有关的任何额外成本和费用。即使你在合同中使用贸易术语来说明其中一方负有支付成本和费用的责任，你也应该详细阐述双方的责任。需要考虑的方面有进口、出口、其他通关和运输费用、从价税和其他税费以及获得必要许可证的花费。

□ 包装协议

条款：

包装协议。卖方在货物包装方面有自由裁量权，假设货物包装必须经得起运输、防止运输途中对货物的损害并遵守以下要求：【请注明，例如，买方国家的产品警示或原产地标记法律，已经写入合同的附件 A】。卖方会在交货期内努力完成所有的货物包装。如果有任何延误，卖方会立即通知买方交货延误、新的预计交货时间以及延期交货理由。此时，买方可以选择与卖方重新商议新的交货日期并书面确认以作为对原合同的修改，或者选择通知卖方终止合同。

注释：至少，这个条款要求卖方采用能承受运输中潜在损害的方式来包装货物。如果有必要提出特殊包装要求，你也应该在条款中详细规定。合同规定特殊包装应符合买方国家的法律规定和买方国家的市场期望。因此，产品应符合有关进口、运输、健康、农业、环境、航海、建筑以及消费者等方面的法律规定。遵守法律法规包括获取执照或许可证、安排验货、使用适当的包装和标签、提供保险凭证以及为报关呈递适当的准入文据。

双方认为买方将负责确认商品在买方国家的销售包装。在这种情况下，卖方应该坚持对知识财产以及第三方责任的保护条款（参见第 8 章：起草严谨的合同条款）。

□ 货物运输和交付

条款：

交货以及货物运输。在【日期】（交货日期）或此日之前，这批货物以【贸易术语，例如 FOB】【地点】形式交货。卖方会整批交货，而且将货物运到交货地的运输方式由卖方决定。卖方会努力尽快着手货物运输，以便货物能在交货日运达买方。如果有任何延误，卖方会立即通知买方交货延误、预计交货时间以及延期交货理由。此时，买方可以选择与卖方重新商议新的交货日期并书面确认以作为对原合同的修改，或者选择通知卖方终止合同。

注释：货物销售合同大多普遍使用国际贸易术语来分配运输途中的风险和成本责任，这些术语指巴黎国际商会所制定的国际贸易术语解释通则（Incoterms®）中的术语。虽然国际贸易术语已经被标准化，但是在实际应用中其含义是可变的，对其进行严格定义对合同来说非常重要，因为这会决定合同中诸如谁有责任全程负责货物保险、何时货物所有权从卖方转移到买方以及谁来支付某些运费等问题。

如果你不使用国际贸易术语（Incoterms），也可以在交货和运输条款中简单说明负责货物运输的承运人姓名，指定货物运达买方的时间和地点并确定由谁支付货物从 A 地运到 B 地的费用。如果合同中涉及两个或三个以上的承运人或货物有特殊要求，那么你必须在条款中添加额外细节。

指定最佳承运人来运输货物通常是明智之举。如果一个承运人，例如提供了价格优惠或其能够比他人更好地运送这些货物，你应该指定货物由这个特殊承运人承运。但是，如果指定了承运人，在贸易条件不利的情况下你会因此受困。因此，对承运人的选择应该保持灵活，即使已经确定了偏好。另一个选择是对承运人种类进行描述，特别是需要对货物进行特殊处理时。这个运输条款也应该具体说明在货物运送前或运送期间涉及货物存储的所有特殊要求，例如安全保障、特殊气候需求以及天气保护需求。

各方应在此条款中加入通知条款，特别是当货物没有准备好立即转移时。因此，当货物准备递送或装运时，尤其当货物易腐坏或价值易波动时，合同会要求卖方及时通知买方。如果交易对时间敏感，你甚至要提供几份通知，这将使你在交货延误时可以追踪货物并采取措施以使成本和损失降到最低。

□ 保险

条款：

保险。【买方/卖方】将购买并各自支付运输途中所有的货物保险费用，假如【卖方/买方】所获得的保险覆盖以下承保范围：【请注明】。此保险的依据，以保险单复印件形式或其他承保人声明的形式，将在货物装运之前提供给【卖方/买方】。各方都有责任各自获取其想要的货物保险类别。

注释：你应该指定所要求的保险、保单受益人、哪方获得保险和谁支付保费以及必须获得保险的日期。同时，双方也应该对何种文件可视为符合要求的保险证据达成一致。

□ 货物所有权

条款：

货物的所有权。货物的所有权将在货物运达【地点】时转移给买方，假设买方那时已向卖方支付货款。

注释：这是一个关键条款，因为如果货物在运输途中遗失，承担风险的通常是拥有货物所有权的一方。常规是，货物所有权在卖方将货物交付给买方时转移。因此，如果买方在卖方经营所在地接收货物并将其运走，那么货物所有权已转移到买方处，买方将承担货物运输途中的遗失或损毁风险。如果卖方运输货物，货物所有权可能在运输途中的任何地点转移，甚至可在货物刚好到达买方所处位置时转移，这取决于双方协议。每个当事人都应该确保至少在其拥有货物、掌握所有权或对货物负责时为货物投保。如果使用国际贸易术语解释通则，每个术语都规定了责任和所有权转移的时间和地点。

□ 进口/出口票据

条款：

进口/出口票据。卖方负责获取、完成、向【国家】海关提供报关要求的所有出口单据并支付费用，包括以下方面：【清单】。买方负责获取、完成、向【国家】海关提供报关要求的所有进口单据并支付费用，包括以下方面：【清单】。买方必须通知卖方已经满足了所有进口要求。买方不会要求卖方发货，直到将已得到满足或将及时得到满足的所有进口要求和费用的证据提供给卖方。如果由于买方没有及时提供上述证据而导致发货延误，那么卖方不会被视为违反合同。

注释：货物装运甚至合同本身，都假设合同当事人已经提前获得或准备好合适的执照、检验证书以及其他授权证书。每次都要提供完整的进出口单据，即符合海关报关和准入要求的单据，这也是购买商品的合同所要求的必要条件。

如上所述，这个条款意在按照双方都十分熟悉的必要条件分割双方的报关责任，即卖方负责满足出口国家海关要求，买方负责满足进口国家海关要求。这个条款也可修改为由一方负责所有的海关报关工作。

□ 发票

条款：

发票。卖方会为货物装运开具临时发票和最后的发票。发票必须具体说明货物名称、货物数量以及货物价格。

注释：在国际贸易中，发票用来确认货物装运、通知买方装运以及为海关报关提供文件证据。合同还应该要求发票应该符合买方或卖方国家法律法规所规定的具体要求，而且在合同中附加这些要求以促进遵循法规要求是明智的做法。

□ 再出口禁令

条款：

再出口。买方承诺货物将运达【国家】并完成交接，自己不会把这些货物运往他国，也不会在【国家】交货后将货物再出口他国。

注释：如果货物须服从特定国家的进出口限制（包括贸易禁运），那么这个条款就显得尤其重要。一些国家的法律规定，例如美国法律，一笔交易的买方若转而将货物运到另一个国家，而第一个国家禁止将商品出口到该国，那么这笔交易会使第一个卖方受到本国的刑事处罚。如果这个卖方知道或应该有理由知道随后的出口和销售情况，那么可对其强制罚款。因此，如果卖方怀疑买方在收到货物后可能会运到或再出口到被禁止出口的国家，那么卖方应该完全避免这场交易。这个条款也可修改为允许买方将货物再出口到一个或多个指定的允许再出口贸易的国家。

□ 验货权

条款：

验货。买方有权亲自或授权其代理人在【卖方业务所在地或装运地】验货。对买方或其代理人拒收的货物，卖方将支付运回费用并将用符合合同描述和合同要求的货物来替换。在买方或其代理人完成验货并接收货物后，会给出检验和接收证书。验货和证书费用由买方支付。买方未能验货实际上造成了对验货权的放弃，而且其会被视为已接受货物交付。

注释：买方在提货之前应该坚持验货权，以确定货物是否满足合同的具体规定。这个条款应说明谁来验货，是买方、代理人、中立的第三方还是拥有检验执照的检验员；应说明要在哪里验货（例如，在卖方的工厂、买方的仓库还是接收货物的甲板上）；还应说明什么时候验货。

□ 担保

条款：

明示和默认担保。卖方明确担保货物不会出现原料、工艺水平和安装方面的缺陷。在交货后【数字】天之内，卖方将免费替换任何有缺陷的货物，运输成本算在免费之列。

除了在合同中明确规定的担保之外，卖方不会以任何形式为这些货物担保，不承认由特殊目的适合性或适销性产生的默认担保。货物以原状形式出售，而且买方理解并同意，不会出于任何特定目的依赖卖方的销售技能和判断力来选择和提供货物。

注释：关于货物适用性或货物质量，卖方同意提供延期担保或限期担保，或根本不提供担保。合同中应写清担保的确切条款。在一些国家，法律支持担保，除非卖方明确表示放弃。在《联合国国际货物销售合同公约》（CISG）的规定下也会产生默认担保。由于强制执行时的困难，让双方当事人以姓名首字母签注担保段落是明智之举。

□ 免责

条款：

买方的免责。假如在货物销售之前，买方没有以任何形式改变货物或货物的包装，那么任何按下列依据对买方提起损害赔偿诉讼的行动，都会使卖方为买方进行辩护，这些依据包括货物原料、设计或制作缺陷，或货物及其销售侵犯了别人的专利权或商标权。如果买方遭到起诉，应立即通知卖方，卖方将免去买方的所有责任、损害或由此类诉讼招致的任何费用，并为此类诉讼中买方遭受的所有判决买单。

注释：免责条款是可选条款。在国际合同中，卖方有时同意让买方免受因特定原因产生的损害赔偿，比如因设计瑕疵或制造缺陷，以激励买方尽快在新市场推出卖方的产品。如果有免责条款，卖方应该始终坚持在出售之前保持货物、货物包装、标签或标识不变；由买方造成的任何改动都会导致免责条款取消，除非这种改动事先获得卖方批准。

□ 知识产权和工业产权

条款：

知识产权保护。买方知道，卖方拥有其货物使用的设计、专利、商标、商号和公司名称（“知识财产”）的专有权。卖方的任何知识产权都没有被赋予给买方。买方不能像自己的知识产权那样去使用卖方的知识产权；买方也不能像自己的知识产权那样去任何国家注册卖方的知识产权。买方承认若未经授权使用或注册卖方的知识产权，或者使用或注册任何易与卖方知识产权混淆或看起来相似的知识产权，都会被视为对卖方专有知识产权的侵犯。

注释：应尽可能在双方合作关系开始时就禁止对卖方的知识产权、商标、服务标识、商号、专利、设计及相似权利的侵权。经常是，公司与一个不会再次下单的外国商人达成小额交易。接着，5～10 年后，当这个公司决定将业务扩展到同一外国市场时，却发现无法在那里注册自己的知识产权，因为那个外国买家已经取得了相同或相近的商标、商号或专利权。如果这个公司试着在那个国家销售货物，就会因侵权而遭到指控。这个公司唯一的补救方法是买断这个侵权公司，或者花费大量的时间和金钱通过法院与侵权斗争。

知识产权的价值不应被低估，并应受到保护，即使是一次性交易。惩治侵权者获得的合法补救往往不足以弥补侵权造成的损害，因此推荐使用违约金条款。

□ 及时履约

条款：

时间。当事人一致同意【请注明，例如，时间至关重要或及时履约非常重要，假如一方未能按时履行，双方将努力重新谈判】。

注释： 在美国，合同双方经常规定及时履约至关重要。合同中包含了这个条款，就意味着允许一方仅因另一方不能按合同规定及时履约就声称其违约。在其他国家，此类条款被视为不重要，因为缔约方通常自动弃权或重新谈判，而不是通过诉讼获得因违约产生的损害赔偿。假如你更愿修改条款而不是更准确地考虑国际惯例，那么此处就是选择性条款。

□ 前提条件

条款：

前提条件。 合同受到【请注明，例如，由（国家）政府特定代理机构颁发给买方的进口许可证，以及由（国家）政府特定代理机构颁发给卖方的出口许可证】约束。

注释： 你应该详细说明一方在负有义务执行合同之前必须先完成的所有事情。例如，你们都同意在买方把确认付款的单据转发给卖方前，卖方没有义务装船发货。另一个前提条件或许是预付收讫。如果合同的订立取决于某些条件的存在，最好能重申所有可能导致合同终止的事件，以确保你的意图明确。一般来说，导致合同终止的条件都不是令人愉快的部分，因此大部分情况下都由司法管辖地法院进行严格的解释。

□ 取消

条款：

取消权。 买方有权取消合同，如果卖方未能【请注明，例如，按时运输所有或任何商品】；卖方有权取消合同，如果买方未能【请具体说明，例如，在合同到期日（数字）天内按照合同要求付款】。如果一方通知另一方将不执行或无法履行合同义务，那么接到通知的那人有权取消合同。为使合同取消生效，想取消合同的一方应该通知对方合同已被视为取消。合同的取消日期就是对方收到不执行通知的日期。

注释： 如果一方有权取消合同，那么必须说明行使这项权利的依据，而且对取消通知也应有一定的要求。这个取消权条款给当事人提供了一种无须通过法律程序进行的补救方法。

□ 不可抗力

条款：

不可抗力。如果货物交付因卖方无法控制的原因受到阻碍，那么合同将被视为取消，而且各方无须对未执行合同导致的损失负责。这类不受卖方控制的原因包括但不仅限于自然灾害、劳资争议、重要交通方式出现障碍或【国家】政府和【国家】政府间进出口政策的变化。

注释：作为所有合同中都会包含的普通条款，不可抗力条款仅仅表明双方确定的合同意图，即如果合同履行受到当事人不能控制的自然灾害或其他灾难事件的阻碍，那么合同将被取消。

□ 违约金

条款：

违约金。每个当事人都知道，合同违约会导致守约方在销售量、市场占有率和商誉损失方面难以计算的损害赔偿。双方已考虑一方违约时对另一方所遭受的损害赔偿的合理估计，并达成一致。如不是由于买方失误而是由于卖方因故不能交付货物，那么卖方要付给买方总额为【币种和金额】的违约金。如果买方未能提供装运说明、不正当地拒绝接收货物或者未按时付款，那么买方要支付给卖方总额为【币种和金额】的违约金。如果买方侵犯了卖方的知识产权，那么买方要为其使用按天付费从而向卖方支付总额为【币种和金额】的违约金。无论如何，支付违约金不会影响卖方行使禁止买方继续使用其知识产权的权利。

注释：合同当事人可以规定违约时支付的损害赔偿具体数额，通常只要是合理估算出了损害赔偿，这就是可执行条款。估算必须是对违约造成的预期损害或真实损害的合理估计。一般来说，损害赔偿的证据难以获得或无法获得，或者损害赔偿是不充分的补救方法，因为除非受到禁止，否则违约伤害会持续发生下去。

□ 仲裁

条款：

仲裁。如果双方产生了任何合同条款、合同执行情况以及合同执行条件方面的纠纷，除了采用违约金解决，还可由【有约束力的/无约束力的】仲裁机关在【地点】按照【仲裁法规的名称】处理。

注释：你可以在合同中规定，仲裁是在解决合同纠纷时法律诉讼的替代选择。仲裁在程序上没有庭审正式，但是仍然允许当事人在中立方或陪审团前提出要求以寻找公正的裁决。这种补救方法在商业纠纷中越来越受欢迎，很大程度上是因为比诉讼对抗性小、成本低且更快。但是，你必须保证自己非常想用这种方式解决纠纷。如果你同意仲裁但不久又提起诉讼，那么法庭很可能支持仲裁条款，并迫使你按照合同中已同意的条款来解决纠纷。

仲裁条款中应指定仲裁对双方是否有约束力、在哪个国家实施仲裁、仲裁裁决的执行程序、仲裁适用的法规例如联合国国际贸易法委员会的示范规则、管理仲裁的协会例如国际商会（巴黎）、管理争议的程序问题或争议实质所依据的法律、对仲裁人选择的限制（例如，争议一方国家的国民不允许成为仲裁人）、仲裁人的资格或专业技能、执行仲裁的语种，以及需要时翻译和翻译人员的可得性。

并非所有国家都使用仲裁。例如，在墨西哥，纠纷很少用仲裁方式解决，而且在整个亚洲，仲裁裁决和法庭诉讼一样棘手。此外，一些国家不能承认仲裁判决和其他司法判决的不同。在认为自己能够接受以仲裁方式处理潜在合同纠纷之前，应该先向熟悉你的供货商国家法律的律师咨询意见。

□ 适用法律和选择法院

条款：

法院和适用法律。合同当事人理解并同意应用【地点】的法律来解释合同。这个合同【是/不是】由《联合国国际货物销售合同公约》进行解释。任何解决双方纠纷提起的诉讼都应在【地点】递交。

注释：应选择特定辖区的法律来规范合同条款的解释。你所选择的法律通常会影响你在哪里提起诉讼或执行判决，以及将采用什么样的法律、法规和法律程序。如果在自己的国家提起诉讼，由于你对国内的律师和商法再熟悉不过，较之在国外提起诉讼并服从自己不熟悉的法律、法规和法律程序并必须依赖国外律师，你的经历就会大不相同。此外，你还要确定一个可解决纠纷的地点，例如货物原产国、目的国或对双方当事人都方便的第三国。

□ 合同修改

条款：

修改和弃权。合同的所有修改都必须采用书面形式并由双方或其授权代理人签字。如果一方放弃此合同下规定的权利并提出违约赔偿，弃权对有关当事人针对随后的违约进行强制执行合同的权利没有影响。

注释：合同要求当事人提前以书面签字形式对合同进行修改。这个条款对所有合同来说都很普通，这对免受口头改变之害是一种明智的保护，对已有某种权利经口头或书面放弃或免除他人对剩余权利弃权的不切实际的预期也是一种明智的保护。你应该在与外商订立的合同中坚持这一条款，以避免双方话语相悖时由口头修改产生的误会。

□ 生效和转让

条款：

生效和转让。本合同对当事各方的利益、其继承人的利益及受让人的利益具有约束力和效力，须服从转让限制条件。若没有事先获得对方的书面同意书，任何一方都不能转让权利或委派他人执行权利。

注释：在一次性交易中，一方不可能有时间将合同转让给他人。不过，还是有潜在可能的，当在一个经济或政府不稳定的国家进行国际贸易时，转让条款会变得非常重要。

□ 可分性

条款：

条款的可分性。如果合同中条款由于某些原因无效或不可执行，那么就是完全可分离的，而且此条款会被认为与合同的其余部分相分离。合同的剩余条款仍然有效且可执行，就好像无效或不可执行条款并非合同的一部分。

注释：合同中应该包含这个标准条款，规定在不影响合同整体有效性的前提下，单个条款可以从合同中移除。这个条款非常重要，因为它规定，如果一个条款由于某些原因被宣布无效或不可执行，合同的其余部分仍然有效。

□ 整体性

条款：

完整合同。本合同是双方完全理解的结果。不考虑是否由卖方自己、代理人或员工作出了任何声明、陈述、承诺或激励措施，除非是本合同规定的，否则卖方不受其约束。买方明确同意，除了本合同包含的条款，其他任何陈述都不可信服。

注释：合同谈判会持续一段时间并历经几次会议。在国际合同中，在巩固双方关系之前，贸易商通常会在多种不同的商务和社会环境下会面以酝酿其关系。因此这个条款就变得特别重要，以向当事人强调只有书面语才构成他们全部的最终协议，而不考虑先前谈判中曾作出过什么样的表述。

□ 通知

条款：

通知。按照合同要求寄送通知时，一方应该按照合同中规定的地址将书面通知寄送给对方。对方收到通知时才视为通知发出。一方必须用书面形式通知对方任何地址变更，并在变更生效日期【数字】天内送到。

注释：虽然通知条款不是一个必要条款，但其对阐明可接受程序非常重要。这个条款要求书面通知，因此口头通知在其生效之前必须先用书面方式确认。

□ 约束合同当事人的权力

条款：

权力约束。双方互相保证自己有法律能力订立合同并受合同的法律约束。

注释：此条款应该增加到合同中，而不管当事人是个人还是实体，因为这个条款向每一方都保证缔约签字人有权力这样做。如果签字人没有权力，那么合同随后可撤销。如果当事人是个人，那么他或她应该有订立合同的法律能力（例如，已成年并且精神健康）。如果当事人是实体，那么签字人应该是经授权的代表。

如果合同的执行超出了单一交易的范围，那么外国公司代理人的权力应该由该国政府官员签发的能力认证文件复本作为额外证明。如果外国公司是公司或类似实体，一方的授权人也应该由公司主管部门的决议来证明，例如公司的董事会。外国公司可能也需要从你这里获取相似的已认证授权证明，所以合同中应该对符合授权要求的证据文件进行说明。

□ 独立顾问

条款：

独立法律建议。合同双方都承认，他们曾被建议过并曾有机会获得有关法律、税务和会计问题以及合同结果的独立建议。双方进一步承认，他们曾有机会作出自己的独立判断，且各方只依赖自己的观察做决定同时还承认他们自己作出在权利、义务、责任以及合同结果方面的决定。

注释：国际合同在遵从不同法律的双方之间订立，而且一方往往比另一方更有商务经验。为了执行合同，明智的做法是在合同中包含这个条款，以表明当事人是在考虑了自己接受有关合同权利和责任的独立法律建议的权利后作出的决定。

□ 法律成本和费用

条款：

成本和律师费。胜诉方可在下列情况下追回其法律诉讼成本和律师费用：(1) 本合同的一方被要求雇请法律顾问，为强制执行另一方的义务而导致的其他费用或因另一方未能履行合同规定的义务而提起的对所有声明、要求、起诉和法律程序进行的辩护；(2) 针对合同一方或由合同一方提起的法律诉讼；(3) 这个诉讼或其判决证明对方有过失。在这样的情况下，胜诉方有权向另一方索要所有合理的律师费用和所有因强制执行或辩护产生的其他费用。这些费用不管发生在提起诉讼之前、准备诉讼期间、预料之中、诉讼期间或之后，均可得到补偿。

注释：有关诉讼费和律师费可补偿的法律随国家不同而不同。在一些国家，在多数诉讼案件中，胜诉方都有权利要求另一方补偿诉讼费和律师费。但在其他国家，只有在特定种类的诉讼案件中，例如基于疏忽、不正当行为或欺诈行为案件，才支持诉讼费和律师费的补偿要求。法院通常执行明示协议以补偿胜诉方的诉讼费用，即使是在默认这些权利的法律缺失的情况下。

□ 接受和执行

条款：

接受。为了接受这个报盘，买方须签字并不做任何修改将其返还给卖方，卖方必须不迟于【日期】收到已签报盘。卖方有权在收到收据之前的任何时候撤销报盘。

签字【日期】

签字：【高级职员或其代理人的签名】

卖方/ 卖方【卖方代表的头衔】

接受【日期】

签字：【高级职员或其代理人的签名】

买方/ 买方【买方代表的头衔】

注释：如果报盘条款规定了接受方式，那么接受报盘的方式应该与报盘规定相一致，不然合同不会形成。这个条款要求无修改接受，意味着任何由“接受方”进行的修改实际上都会导致还盘。

合同签订者的全名应该打印在其签名之下，以避免任何有关谁代表谁交易的问题出现。对于任何非个人当事人来说，当事人和签字人的关系应该予以说明。

第 5 章 国际贸易术语与国际贸易术语解释通则(Incoterms®)①

较之国内贸易，国际贸易将使用不同的付款方式和不同的货币。另外，虽然国际贸易中的销售条款通常听起来与国内合同中普遍使用的条款很像，但在全球交易中常有不同含义。混淆这些条款可导致销售量下降或财产损失。因此，合同定稿前先弄明白所达成条款的含义至关重要。

Incoterms®规则

Incoterms®的发展

到 20 世纪 20 年代的时候，商人们已经开发出一套贸易术语来说明货物运输中的权利和义务。这些贸易术语由代表冗长合同条款的字母缩写组成，并因

① Incoterms®是国际商会（ICC）的注册商标，这里仅用于资料目的。本书获得独立授权和出版，但未受国际商会赞助或支持，也不隶属于国际商会。Incoterms® 2010 的全文（117 页）被收录在国际商会第 715 号刊物中，ISBN 978－92－8420080－1。联系方式：1212 Avenue of the Americas，21st Floor，New York，NY 10036 USA，国际商会出版有限公司，电话：＋[1]（212）703－5066，http：//www.iccbooksusa.net 或 http：//www.iccwbo.org。

简便得到广泛使用。但遗憾的是，各国没有对这些术语形成统一解释，因此国际交易中经常出现误会。

为了改善这个局面，国际商会（ICC）制定了国际贸易术语的解释规则。这些规则初版于1936年，随后定期修订以解释不断改变的运输方式和文件传递方式，现作为Incoterms®广为人知。

“Incoterms®2010”是一套统一规则，对国际交易中规定买卖双方权利和义务的贸易术语解释进行了编纂，由国际商会制定并出版，最新版本是2010年第715号出版物。

□ Incoterms®的使用

Incoterms®的规则不能隐含在货物销售合同中。如果想使用Incoterms®，必须在合同中特别包含此通则。另外，合同中应明确指出对规则的解释遵从最新版，例如遵从Incoterms®2010，而且应通过附加的合同条款确保术语得到正确使用。参见第4章起草国际货物销售合同及第6章国际销售合同中的关键问题。

Incoterms®规则能做的

如果双方有以下要求，可将Incoterms®2010规则包含在国际销售合同中：

1. 完成货物销售。
2. 对合同各方的货物交付义务进行如下说明：
   a. 什么时候完成交货？
   b. 一方如何确定另一方达到了实施标准？
   c. 哪一方必须遵守必要的执照要求并完成政府规定的其他手续？
   d. 承运形式和条款是什么？
   e. 交货条款是什么？要求的交货证据是什么？
   f. 什么时候损失风险从卖方转移到买方？
   g. 双方之间如何分担运输成本？
   h. 要求双方将有关货运和转运的什么通知寄给彼此？
3. 用简明形式说明运输和交货的基本条款。

Incoterms®规则不能做的

Incoterms®2010规则本身不足以表达双方的全部意图。如下所示：

1. 应用于服务合同。
2. 规定与交货无关的其他合同权利和义务。

3. 指出货物转移、运输和交货的细节。

4. 确定货物所有权如何转移。

5. 保护一方免受自己招致的损失风险。

6. 交货前或交货后为货物投保。

7. 规定违约的补救方法。

提示☞

Incoterms®规则十分有用，但使用范围有限。如果使用不当，合同含义就会模棱两可，要不然就是无法执行合同。因此，在依靠 Incoterms®规则规定诸如交货方式、报关、货物所有权和风险转移等重要条款之前，先理解其使用范围和使用目的——什么时候以及为什么使用 Incoterms®规则，非常重要。

Incoterms®2010

1. 工厂交货（EXW）
2. 货交承运人（FCA）
3. 船边交货（FAS）
4. 装运港船上交货（FOB）
5. 成本加运费（CFR）
6. 成本、保险费加运费（CIF）
7. 运费付至（CPT）
8. 运费和保险费付至（CIP）
9. 终点集散地交货（DAT）
10. 指定地交货（DAP）
11. 完税后交货（DDP）

(1) 工厂交货【指定交货地点】(EXW)

在工厂交货条件下，卖方即出口商只把货物运到卖方指定交货地交给买方，通常是卖方的经营地点，但不必都是卖方经营地点。

在 EXW 条件下，卖方不负责把货物装到卡车或其他运输工具上，也不负责为货物出口报关。此术语下买方承担最大的责任，而卖方承担最少的责任。

一般来说，不推荐在国际贸易中使用 EXW 术语，因为在卖方指定地点装货和办理出口手续，通常使买方负担过重。如果买方不能处理装货和出口手续，就不应使用EXW术语。在这种情况下，推荐使用FCA术语。

为货物销售做初始报价时常使用EXW术语，用于反映不包含其他成本时的货物本身的成本。

（2）货交承运人【指定交货地点】（FCA）

在FCA术语中，卖方即出口商负责货物出口报关并在指定交货地将货物交给买方指定的承运人。

如果指定交货地是卖方的营业地，卖方负责把货物装到运输工具上。如果指定交货地是其他地方，如承运人的装货码头，则卖方不负责卸货。

严格来说，承运人是一个公司受雇运输货物或乘客，而不只是安排这种运输。不过，FCA术语中的承运人可以是任何根据合同按上述运输方式包括多式联运承担提供或获取此类服务的人。

FCA术语可用于任何运输方式包括多式联运。

为货物销售做初始报价时常使用FCA术语。

（3）船边交货【指定装运港】（FAS）

在船边交货条件下，卖方即出口商负责货物出口报关，并将货物置于指定装运港的船边（码头或驳船上）。

使用FAS术语时，明智的做法是明确指出指定装运港及精确装货地点。

在FAS条件下，卖方可选择在船边交货或获得已如此交货的货物。这涉及所谓的一批货物可在运输途中多次转售的连环贸易，在商品贸易中很普遍。

如果货物已经或即将装入集装箱，惯例是把货物交给装运港的承运人而不是在船边交付，在这种情况下，推荐使用FCA术语。

FAS术语中的指定地点是港口，因此这个术语只用于海运或者内陆水运。

（4）装运港船上交货【指定装运港】（FOB）

在装运港船上交货条件下，卖方即出口商负责货物出口报关并将货物运到指定装运港的指定船上交货。

这是Incoterms® 2010中的一个变化，以往只规定卖方负责将货物运过船舷。

在FOB条件下，卖方可选择在船上交货或获得已如此交货的货物。这涉及所谓的一批货物可在运输途中多次转售的连环贸易，在商品贸易中很普遍。

FOB术语中的指定地点是港口，因此这个术语只用于海运或者内陆水运。在FOB条件下，指定装运港是卖方国内港。

如果货物已经或即将装入集装箱，惯例是把货物交给装运港的承运人而不是在船上交付，在这种情况下推荐使用FCA术语。

FOB交易中的重要单据是已装提单。

(5) 成本加运费【指定目的港】(CFR)

在成本加运费条件下，卖方即出口商负责货物出口报关并将货物运到装运港（非目的地）船上交货，货物风险此时从卖方转移到买方。

不过，卖方负责订立运输合同并支付把货物运到指定目的港的费用，之后货物成本从卖方转移到买方。

货物风险从卖方转移到买方的地点与成本转移地点不同，指出这一点很重要。

在 CFR 条件下，卖方可选择在船上交货或获得已如此交货的货物。这涉及所谓的一批货物可在运输途中多次转售的连环贸易，在商品贸易中很普遍。

CFR 术语中的指定目的地是港口，因此这个术语只用于海运或者内陆水运。在 CFR 条件下，指定目的港是买方国内港。

如果货物已经或即将装入集装箱，惯例是把货物交给装运港的承运人而不是在船上交付，在这种情况下推荐使用 CPT 术语。

(6) 成本、保险费加运费【指定目的港】(CIF)

在成本加保险费和运费的条件下，卖方即出口商负责货物出口报关并将货物运到装运港（非目的地）船上交货，货物风险此时从卖方转移到买方。

但是，卖方负责订立运输合同并支付把货物运到指定目的港的运费和最低保险费，之后货物成本从卖方转移到买方。

货物风险从卖方转移到买方的地点与成本转移地点不同，指出这一点很重要。

在 CIF 条件下，卖方可选择在船上交货或获得已如此交货的货物。这涉及所谓的一批货物可在运输途中多次转售的连环贸易，在商品贸易中很普遍。

CIF 术语中的指定目的地是港口，因此这个术语只用于海运或者内陆水运。在 CIF 条件下，指定目的港是买方国内港。

如果货物已经或即将装入集装箱，惯例是把货物交给装运港的承运人而不是在船上交付，在这种情况下推荐使用 CIP 术语。

CIF 术语普遍使用在以下贸易中：a）大宗商品货物，例如石油、谷物和矿石；b）不能放入海运集装箱的超尺寸和超重货物；c）超过海运集装箱重量限制的货物。

(7) 运费付至【指定目的地】(CPT)

在运费付至条件下，卖方即出口商负责货物出口报关，并将货物运到指定装运地（非目的地）交付承运人，货物风险此时从卖方转移到买方。

但是，卖方负责订立运输合同并支付把货物运到指定目的地的费用，之后货物成本从卖方转移到买方。

货物风险从卖方转移到买方的地点与成本转移地点不同，指出这一点很重要。

CPT 术语可用于任何运输方式包括多式联运。

在 CPT 条件下，指定目的地在买方国内。

如果多个承运人参与将货物运到指定目的地，例如多式货物联运，当货交第一承运人时风险即随之转移。

(8) 运费和保险费付至【指定目的地】(CIP)

在运费和保险费付至条件下，卖方即出口商负责货物出口报关并将货物运到指定装运地（非目的地）交付承运人，货物风险此时从卖方转移到买方。

但是，卖方负责订立运输合同并支付将货物运到指定目的地的运输费和最低保险费，之后货物成本从卖方转移到买方。

货物风险从卖方转移到买方的地点与成本转移地点不同，指出这一点很重要。

CIP 术语可用于任何运输方式包括多式联运。

在 CIP 条件下，指定目的地在买方国内。

如果多个承运人参与将货物运到指定目的地，例如多式货物联运，当货交第一承运人时风险即随之转移。

(9) 终点集散地交货【指定港口终点地或指定目的地】(DAT)

在终点集散地交货条件下，卖方即出口商负责货物出口报关并将货物运到目的地或指定港口终点地交货。

在 DAT 条件下，卖方从运输工具上卸下货物交给买方。

终点地可以是任何类型，例如海运、公路运输、空运或铁路运输终点地，仓库、码头或集装箱堆场，露天的或室内的。

使用 DAT 术语时，在销售和运输合同中明确指出目的港或目的地终点地名称以及终点地的精确装运地点，是明智之举。

在 DAT 术语中，目的地或指定港口终点地在买方国内。

DAT 术语可用于任何运输方式包括多式联运。

DAT 交易中可使用所有付款方式。

DAT 术语是多式货物联运的理想交货方式。

DAT 术语是唯一要求卖方负责卸货的术语。

(10) 指定地交货【指定目的地】(DAP)

在指定地交货条件下，卖方即出口商负责货物出口报关并将货物运到指定目的地交货。

在 DAP 条件下，卖方在指定目的地将运输工具上的货物交给买方，但不负责卸货。

在 DAP 条件下，指定目的地在买方国内，且通常是买方营业地。在 DAP

条件下，卖方不负责办理进口报关手续，不负责缴纳进口关税、手续费或其他税费。

DAP 术语可用于任何运输方式包括多式联运。

DAP 交易中可使用所有付款方式。

DAP 术语是多式货物联运的理想交货方式。

(11) 完税后交货【指定目的地】(DDP)

在完税后交货条件下，卖方即出口商负责出口报关并将货物运到指定目的地交货。

在 DDP 条件下，卖方也负责目的国的进口报关并办理所有进口报关单，支付进口关税、手续费、增值税和其他税费。

在 DDP 条件下，卖方在指定目的地将运输工具上的货物交给买方，但不负责卸货。

在 DDP 条件下，指定目的地在买方国内，且通常是买方营业地。DDP 术语可用于任何运输方式包括多式联运。DDP 术语是多式货物联运的理想交货方式。

在 DDP 术语下，卖方承担最大的责任，买方承担最少的责任。

若想购买一本完整解释了每个术语中买卖双方责任的书，请联系：国际商会出版有限公司，156 Fifth Avenue，New York，NY 10010；电话：[1]（212）206－1150；传真：[1]（212）633－6025，或国际商会（ICC），38，Cours Albert 1er，75008 Paris，France；电话：[33]（1）49－53－28－28；传真：[33]（1）49－53－29－42。

其他贸易术语

Incoterms®规则并不是世界上唯一使用的贸易术语。例如，一些公司仍在使用过时的《美国对外贸易定义修订本》。同时，一些行业已制定专门的贸易术语来处理其商品和行业（例如，钢铁和谷物）中的特殊问题。在其他情况下，古老的贸易术语在地区贸易中已使用了数百年。

最后，一些公司将追加词与 Incoterms®规则结合在一起使用。这是对 Incoterms®规则的不正确使用，会给买卖双方带来很多问题。例如，合同规定采用 Incoterms®规则，但 Incoterms®规则中并没有针对追加词的使用规则。而且，很多公司使用的追加词与所用国际贸易术语的正规定义有直接冲突。

追加词被加到国际贸易术语上使用，误用这种追加的例子是“FOB 到我们的仓库”。其中的矛盾是，FOB 术语只能用于海运或内陆水运。所以强烈建议追加词要与 Incoterms® 2010 规则的正式定义和使用一致。

其他贸易术语通常是较长合同条款的缩略版本，包括：

□ 附加服务（ADDITIONAL SERVICES）

常与国际贸易术语 FOB 装运港交货或 DAF 指定地交货一起使用，此术语说明卖方要按普通条件订立货物运输合同，且买方需承担风险并支付费用。当可从卖方国家获取“定期船运”或这种运输方式会导致货物在越过买方国家边境后实物交收时，卖方会同意使用此术语。

□ 出口报关（CLEARED FOR EXPORT）

当货物运达边境前可交给买方时，此术语要求卖方负责货物出口报关，通常与 EXW 术语或 FAS 术语一起使用。

□ 进口报关（CLEARED FOR IMPORT）

如果买方在货物运达海关前提货，此术语规定卖方须为货物进口报关，通常与 DDU 术语一起使用。

□ 关税未付（DUTY UNPAID）

此术语有时与 DEQ 术语一起使用，要求卖方支付不含关税的卸货费用。

□ 关税未付且未进口报关（DUTY UNPAID NOT CLEARED FOR IMPORT）

这是一个简要版本，要求卖方支付不含关税的卸货费用以及进口报关费用，可与 DEQ 术语一起使用。

□ 目的港码头交货（EX DOCK OR EX QUAY）

按照此术语的规定，买方仅在货物卸到买方指定甲板上后才获得货物所有权。

□ 出厂交货（EX FACTORY）

与工厂交货相似，此术语稍微改动风险转移情况，规定买方只有在离开卖方甲板后才能获得货物所有权。

□ 装运港船上交货（FOB VESSEL）

对于海上运输，此术语规定卖方承担将货物运到并装到买方指定船上的全部费用。损失风险在货物装到船上时转移到买方。FCA 术语可用于相同目的但不限于特定运输方式使用。

□ 火车上交货（FOR）（FREE ON RAIL）

如果是铁路运输，双方使卖方承担将货物运到并装到买方指定火车上的全部费用。损失风险在货物装到火车上时转移到买方。很多卖方使用有相同目的但并不限于特定运输方式的 FCA 术语。

□ 卡车上交货（FOT）（FREE ON TRUCK）

此术语与 FOR 术语相似，但 FOT 用于卡车运输。很多卖方使用有相同目的但并不限于特定运输方式的 FCA 术语。

□ 运费到付（FREIGHT COLLECT）

此术语规定，买方负责在货物交付买方时支付运费，损失风险在交货完成前仍属于卖方。

□ 运费预付（FREIGHT PREPAID）

此术语意味着销售报价包含将货物运到指定目的地的费用。

□ 运费预付且已入账（FREIGHT PREPAID AND CHARGED）

此术语用于说明销售报价包括将货物运到指定目的地的费用，而且通过将费用添加到提供给买方的发票上来收取。

□ 重新装货（RELOADED ON CARRYING VEHICLE）

如果货物在交货后必须重新装到运输工具上，此术语将要求卖方重新安排装货并支付重新装货费用，通常与 DDP 术语一起使用。

□ 理舱和平舱（STOWED AND TRIMMED）

此术语经常与 FOB 术语一起使用，要求卖方将货物运到装运港船上。如果你不清楚货物运达并转交买方的港口的惯例，应该指定由谁负责支付装货费，谁承担损失或损毁风险。因此，合同条款应明确规定，“包括理舱费在内的装运港船上交货，卖方承担装货所涉及的费用和风险”。

□ 从到达的车上卸货（UNLOADED FROM ARRIVING VEHICLE）

按照此术语规定，卖方负责交货地卸货，与 DDP 术语联合使用的情况最多。

□ 增值税已付（VAT PAID）

这个简明术语要求卖方支付进口货物增值税，通常与 DDW 术语一起使用。

□ 增值税未付（VAT UNPAID）

通常此术语与 DEQ 术语一起使用，把支付进口货物增值税的责任从卖方转移到买方。

第 6 章 国际销售合同中的关键问题

销售中许多要考虑的问题只涉及了交易一方，但大量关键问题必须由双方共同考虑。乍看这些关键问题好像只与合同一方或另一方有关。但是，整个交易的成功以及双方所获得的利润都取决于这些关键问题。不管你是买方还是卖方，至少必须了解进出口要求、国际支付方式、国际汇兑规则、知识产权以及适用法律和管辖权的选择。

出口问题

双方必须在开始进行跨国交易时就考虑与出口有关的问题。这些问题不会出现在纯粹的国内合同中，因此当事人可能很不熟悉，尤其是对第一次做出口商的人来说。不清楚这些问题的一方很可能发现不可能执行合同，或即使在最好的情况下执行合同也是不利的。与其过后重新协商合同条款，不如提前考虑出口问题。

□ 适应进口国市场

出口时考虑的第一个问题是，产品能否被国外市场接受。在认为产品可出口之前，卖方必须确保此产品能改造成适宜进口国市场的类型。不管是为了满足文化偏好要求还是管制法律要求，产品改造的成本通常都由卖方承担，因为除非产品能在买方国家使用或销售，否则买方不太可能同意此交易。合同要包含以下一个或多个要点。

遵守法律规定

哪一方负责改造产品使其符合进口国的消费者法规、其他质量标准条例以及环境法规？

卖方通常同意提供符合进口国法律法规的货物，这样卖方就能确保产品被改造后与原来保持相同的质量标准。不过，如果卖方不熟悉这些法律要求，合同可要求买方提供足以满足这些法律要求的产品说明。如果有微小的改动，比如只是增加标签或标注，买方会同意由自己进行这些改动，因为改动成本微乎其微，同时这样做可令卖方立即发货。

市场适应性

考虑到当地语言、文化或宗教偏好，气候差异，公制度量偏好，水电、电话、电报和其他系统方面的差异，以及消费者生活水平的多样化，哪一方负责改造商品以适应上述情况？

用于货物改造的意见，同样可解释与政府要求相关的文化、社会和经济条件。

如果买方获准改造商品，那么卖方有什么样的措施来保护自己涉及产品的专利、设计、商标、商号和其他类似知识财产的权利呢？

就买方获准更改产品以在进口国销售来说，合同应明确保护卖方的知识产权。合同允许买方更改商品、包装或标签的事实可被视为卖方放弃了对自己知识产权的专有权和使用。

担保

要提供客户服务或担保吗？如果是，怎样确保可靠服务呢？

客户服务和担保是合同的重要方面。不管是销售高科技机械还是家用电器，如果提供客户服务，并且只要此服务对消费者有帮助，客户好评就会大大增加。合同应指出担保和客户服务的获得范围。如果这些好处通过进口国代表卖方的当地买方提供，合同应进一步指出买方应满足的服务标准以及保护卖方产品信誉的其他要求。

□ 出口国的政府管制

在合同定稿之前仔细研究政府的出口要求是明智之举。这种要求随出口货物的不同而变化，如果你规定了对出口货物的要求，就能简化合同条款。很多货物能自由出口，其他一些要服从程度最轻的管制，此外，还有一些货物只有满足相当严格的管制条件后才可出口。也有完全不能出口的货物，出口这些货物的合同根本就不可能执行，而且还会被视为无效或可撤销。

作为缔约方，你需要知道哪一方负责满足从卖方国家出口产品的政府要求。合同应确认是你还是另一方负责满足政府要求并支付相关费用。合同条款应该包含以下问题，但这取决于你初步准备工作时所发现的问题。

获取许可证

哪一方负责获取任何必要的出口许可证？

一般来说由卖方负责，因为卖方最熟悉本国的出口要求。不过，如果卖方经验不足或因财务问题不能获得出口许可证，买方可以帮忙。

许可证费用

哪一方支付出口许可证的费用？

如果出口许可证只能用于一次性交易且在每次出口装运时都必须重新获取，通常由双方商议决定许可证费用的支付。一方为获取国外的采购单可同意支付这笔费用以资激励。另一个替代选择是双方同意分摊费用。如果出口许可证可重复使用，费用通常由可从重复使用中受益的卖方承担。

服从出口管制

如果货物受出口限制——包括包装、商标、标签、检疫、熏烟消毒、其他害虫控制方法或检验——哪一方负责安排这些事？

卖方通常负责安排符合出口限制要求或检验要求的事宜，因为卖方更熟悉这些要求，而且遵守规定的过程中也常需要卖方提供货物给予配合。

服从出口管制的费用

哪一方负责支付服从出口管制或检验的费用？

关于哪一方支付服从的成本没有硬性规定，这是可商议的。如果进口和出口的费用大小相当，那么卖方支付出口费用，买方支付进口费用。如果进出口费用差异大，双方可考虑将费用加总后再分担。另一个选择是，一方支付所有费用，作为达成交易的部分激励。

出口税费

哪一方负责支付出口关税或由政府征收的其他出口税费？

这方面也没有特别的支付规定。处理服从出口管制或检验费用的方法，同样可用于处理这些出口服务费和税费的支付。

□ 延误或失败的风险

在国际合同中，一个经常被忽视的十分重要的出口问题是，未满足出口要求时涉及的风险，不管是否及时。如果出口失败，双方都会面临风险——卖方必须承担准备货物出口、装运和海外销售的成本，买方必须承担售前推广、进口和接货安排以及满足客户销售规定所花费的成本，除非买方能获得通常需支付额外成本的替代货物。如果出口延误，双方很可能还会承担额外的人力、贮存、运输及其他费用。

出口延误和失败问题会因人为问题变得更复杂。卖方用错标签了吗？买方在装运前更改订单了吗？出口失败或延误是由任何一方都无法控制的因素引起的吗？在国际合同中，还包含重大政治风险。政府和经济相联系，因此出口权利依赖于出口国和进口国政府之间的关系。合同应预测到其中所涉风险，并规定双方相应的权利和义务。一定要考虑针对以下问题的条款。

及时性

"及时性"出口是什么？

合同应规定出口时间或指出决定出口时间的方式。如果合同中没有规定时间，就要默认一个合理时间，但"合理性"是一个会导致纠纷的主观标准，因为一方并不满意另一方的"合理"时间选择。另外，如果法庭默认合理时间，双方可能都不满意法庭对合理性的认定。

违约

如果由一方引起出口失败或延误，那么这一方的责任是什么？另一方的权利是什么？

大部分合同采用强硬手段处理由一方引起的出口失败或延误：这通常也是终止合同的理由，而且过错方要向另一方支付实际损害赔偿金或违约金。通过要求无过错方采取合理措施减轻赔偿，例如努力寻求替代销售或购买，强硬的处理方式可变得稍微缓和一些。假设双方更愿意完成销售而不是取消交易，大部分合同也会留给过错方较短期限以纠正问题并完成合同，或许要求支付一笔与出口延误所致成本相当的补助。

政府干预

如果出口法律在货物出口报关之前突然改变，以至于一方执行合同变得过于困难或根本不可能执行合同，此时，双方的权利和责任是什么？

不可控因素的影响通常包含在一个称为不可抗力的合同条款中。但是，不可抗力条款通常规定，如果合同因自然灾害无法执行便终止合同。如果人为事件导致合同执行变得更加困难（例如，由于征收或增加出口关税），或只在一段不确定的时间内根本不可能（例如，因为政府实施贸易制裁），但双方仍想完成合同——如果出口在一段时间之后仍不可行，双方在这种情况下应规定重新谈判或终止合同。

世界各地的出口状况

大多数国家都支持出口，因为外国资本会流入出口国。以下样本国家和地区概括性说明了一些普通出口限制，特别是对某些特定货物的限制。你可以从多种渠道了解任何一个国家的出口要求，例如管理国家贸易和海关的政府机构、托运人、货运经纪人、国际商务律师以及关于世界贸易或与特殊利益国家开展贸易方面的书。

□ 阿根廷

管制情况：实施最低限度的出口管制，并简化对单证的要求。出口商必须注册登记，并可得到出口补贴。

□ 澳大利亚

管制情况：大约40%的出口受管制。控制手段包括许可证、执照以及出口报关号码。

受特别管制的货物：食物、动物、植物、出口到利比亚和伊拉克的货物以及受保护的野生动物和文化产品。

□ 比利时

管制情况：采用欧盟出口控制和征税计划。出口到欧盟国家要求最少的票据，出口到非欧盟国家要求全套票据。国家虽然没有提供直接出口补贴，但积极促进出口发展。

受特别管制的货物：武器。

□ 巴西

管制情况：要求获得出口许可证，对一些商品的出口实施配额或其他管制。

受特别管制的货物：咖啡、木材和其他一些商品。

□ 保加利亚

管制情况：一些产品的出口需要出口许可证。对出口征收关税。政府为活体动物、鲜肉、奶制品和去皮葵花籽设置了最低出口价格。

受特别管制的货物：药物、烟草、爆炸物和其他危险材料，以及贵金属。

禁止出口的商品：原油、未加工过的兽皮、植物油、汽油、发动机和工业设备所用粗柴油、燃料油以及对国内工业有战略重要性的原材料。

□ 加拿大

管制情况：少数货物的出口需要出口许可证，这取决于加拿大国内的供给和分配。出口管制清单上的产品出口时需要出口许可证。把产品出口到区域管制清单上的国家也要提前获得出口许可证。

受特别管制的货物：木材产品及其他自然资源。

□ 中国大陆

管制情况：出口商和外贸公司（FTCs）必须经国家政府部门授权并获取许可证。虽然出口政策已自由化，但出口管制措施仍然有效。出口管制措施随中国资源短缺程度的不同而变化，可包括贸易禁止或配额措施。受限制产品的出口必须向地方和省政府寻求多个批准。

受特别管制的货物：威胁国家安全和公共利益的货物、文化遗迹、野生动物、植物和植物产品以及纺织品。

□ 埃及

受特别管制的货物：废弃金属、兽皮、光纤以及金属和农产品。

□ 芬兰

管制情况：出口管制情况与欧盟一致。大多数出口不需要许可证。

受特别管制的货物：高科技商品和废弃金属。

□ **德国**

管制情况：不需要出口许可证，海关程序相对高效。

□ **希腊**

管制情况：几乎不存在出口管制。国家鼓励出口且提供出口补贴，尤其对农产品。

□ **印度**

管制情况：货物的出口由出口商行、贸易商行和优秀的贸易公司处理，这取决于货物价值。出口票据复杂且海关程序在每个口岸都不同。对某些商品提供出口补贴。

□ **以色列**

管制情况：几乎没有出口管制情况。对国际管制的物质和被认为威胁国家安全的商品，需要获得出口许可证，且出口收益必须自出口之日起一年内收到。一些出口品必须具备原产地证书。

□ **意大利**

管制情况：多数货物出口可使用不需要正式批准的一般许可证。
受特别管制的货物：汽油产品及高科技产品。

□ **日本**

管制情况：大多数出口由大型贸易公司运作。一些产品的出口需要出口许可证。所采用的大多数出口管制措施，是对日本贸易伙伴国提出的日本国际收支平衡问题的压力反应。

□ 马来西亚

管制情况：只有少数地区要求出口许可证。政府对原材料、机械和设备等用于生产出口物品的商品进口提供奖励措施。政府也提供出口补贴。

受特别管制的货物：纺织品、橡胶、石油、胡椒、棕榈油和锡。

□ 墨西哥

管制情况：大部分出口都不需要执照或许可证。必须符合安全标准、必须遵守国际惯例或对国家安全很重要的货物需要出口许可证。

□ 巴基斯坦

管制情况：大多数货物可自由出口，但一些受出口配额管制，另一些因国内资源短缺被禁止出口。出口商必须在商务部注册登记。

受特别管制的货物：大米、棉花、外科手术器械、电影胶片、国外捕获的鸟、马、面粉、麸子、苏打以及干红辣椒。

□ 菲律宾

管制情况：政府鼓励出口而且出口程序已简化。几乎没有出口管制且政府提供出口补贴。

□ 俄罗斯

管制情况：政府对多种货物征收最高达30%的关税。一些货物出口需要出口许可证，尤其是那些被视为危害国家安全的货物。

受特别管制的货物：日用品、武器、军事设备、两用材料和技术。

□ 南非

管制情况：税收优惠和其他优先权形式的奖励措施对出口商意义重大。

□ 韩国

管制情况：打算从事出口贸易的当事人必须先在贸易工业部注册登记并获得出口许可证。多数出口都是由被称为“财阀”的综合贸易公司完成的。一些货物的出口需要经过多个不同政府部门或行业协会的批准。出口时要求产品检验。

□ 西班牙

管制情况：少数产品出口需要出口证书和许可证，但大多数货物可自由出口。一些出口受到统计管制并要求提交出口申请。

受特别管制的货物：药物、禁药、爆炸物、枪械、武器、防御设备和材料、烟草和赌博材料。

□ 中国台湾

管制情况：出口过程日益自由化且在出口加工区特别高效。大约70%的可出口产品不需要出口许可证。出口商在从事贸易行业之前必须注册登记。

□ 英国

管制情况：出口管制程度最低。给予欧盟内的贸易商关税优惠。

受特别管制的货物：古董和金属废品。

□ 美国

管制情况：大多数货物无须正式批准即可出口。一些货物出口需要特殊许可证，主要是对那些可能威胁国家安全的或国内供给短缺的商品。

受特别管制的货物：武器、高科技产品及战略物资。

进口问题

所有国家都会审议进口，但国与国的进口要求大不相同。国际贸易商应将进口审议看做交易的一部分。在商品通关之前，贸易商需要提供货物来源证明和目的地证明，完成准入证明书和其他表格，满足当地海关官员的要求，使货物符合进口国管制法律要求。贸易商还必须支付进口服务税费。如果国际贸易商不能理解并解释进口问题，很可能发现自己不能执行合同或即使在最好的情况下执行合同也是不利的。最好在拟订合同时将进口问题考虑进去，这样过后不用重新谈判或修改合同。

□ 政府的进口管制

较之出口，大多数国家有更严格的进口管制。进口激励措施可搞活他国经济，这反过来使其对世界各国出口商品的需求增加，从而间接提高本国经济水平。但是，国家更倾向于关注进口对国内经济的直接影响。进口管制被视为一种必要手段，保护国内产业不因更具竞争性的外国制造商品的销售而遭到破坏，确保出口流入本国的收益比进口流出本国的收益更多。

合同可包含要求一方遵守所有进口规定的模糊条款，但是你会发现这个条款给一方增加的负担远远超出合同给其带来的利益。因此，明智之举是订立合同之前就确定什么样的进口管制情况适用于你所交易的具体货物。如果进口管制的程度很低，使用模糊条款就足够了。不过，如果有严格的进口管制，只要双方能协商分担遵守要求的责任，跨国交易仍然可行。

买卖双方都应证实，合同清楚表达了他们愿意遵守进口要求。合同应该确认哪一方应满足进口管制要求，哪一方应支付进口关税、其他税费、手续费以及所涉及的其他费用。合同条款应该反映出你对所交易货物进口要求的研究。你应该考虑包含以下问题的合同条款。

获取许可证

由哪一方获取必要的进口许可证?

一般来说由买方负责，因为买方最熟悉本国的进口要求。如果需要多个进口许可证，例如一个是贸易许可证，一个是每次的交易许可证，你应该针对进口贸易许可证和进口交易许可证制定更具体的条款。

许可证费用

哪一方支付进口许可证的费用?

如果进口许可证只能用于一次性交易且在每次进口装运时都必须重新获取，许可证的费用支付通常由双方商议而定。一方可以同意支付这些费用以作为对外国采购的激励。另一个选择是双方同意分担费用。如果进口许可证授权进口商在固定时间段内从事进口贸易并涵盖这段时间内的所有货物，费用通常由从再利用中受益的买方承担。

服从进口管制

如果货物受进口管制——包括包装、商标、标签、检疫、熏烟消毒、其他害虫控制方法或检验——哪一方负责安排这些检验？

关于哪一方负责服从进口管制或检验要求，这没有惯例可循。通常情况下，买方会安排这些事宜，因为买方更熟悉这些要求。但一般来说，卖方发货时买方就必须准备好货物进口报关，在这种情况下，卖方负责安排这些事宜。卖方可在合同中规定，由买方负责通知卖方所有为符合进口管制要求进行的必要安排。

服从进口管制的费用

哪一方负责支付服从进口管制或检验产生的费用？

关于哪一方支付服从费用，这也没有惯例可循，这是可商议的。如果进口和出口的费用大小相当，卖方会支付出口费用，而买方会支付进口费用。如果进出口费用差距较大，双方会考虑加总费用后再分担。另一个选择是，一方可支付所有成本，以此作为对达成协议的激励。

进口服务费和税费

哪一方负责支付进口关税或由政府征收的其他进口手续费或税费？

进口关税和服务费的征收数额较大，因为大多数国家常根据进口货物的价值征收关税、增值税、海关手续费和其他税费。没有“特别”的支付规定。支付服从出口管制或检验费用的方法注意事项同样也可用于对这些进口服务费和税费的支付。

海关规定

哪一方提供必要的进口票据，以给货物估价、满足统计要求并服从海关报关规定？

包括证明征税估价所需文件在内的进口票据通常比较复杂，应由熟悉进口过程的人来完成，以确保有效率的进口。双方应该就哪一方负责满足这些要求达成一致。

□ 延误或失败的风险

所有国际合同都有因进口要求未被满足产生的风险——不管及时与否。如果进口失败，双方都处于风险之中——卖方必须承担准备商品出口、装运和海外销售的成本，而买方必须承担售前推广、进口和接货安排以及满足客户销售规定所花费的成本，除非买方能获得通常需支付额外成本的替代货物。进口国的报关延误很可能导致双方承受额外的人力、贮存、运输以及其他费用。

延误或失败问题会因人为失误变得更复杂。卖方用错标签了吗？买方在装运前更改了订单吗？出口失败或延误是由任何一方都无法控制的因素引起的吗？在国际合同中，还包含重大政治风险。政府和经济相联系，因此进口权利依赖于出口国和进口国政府之间的关系。合同应预测到其中所涉风险，并规定双方相应的权利和义务。一定要考虑针对以下问题的条款。

及时性

“及时性”进口是什么？

合同应规定进口时间或指出决定进口时间的方式。如果合同中没有规定时间，就要默认一个合理时间，但“合理性”是一个主观标准，在一方不满意另一方选择的“合理”时间时会导致纠纷。另外，如果法庭默认合理时间，双方可能都不满意法庭对合理性的认定。

违约

如果由一方引起进口失败或延误，那么这一方的责任是什么？另一方的权利是什么？

大部分合同采用强硬手段处理由一方引起的进口失败或延误：这通常也是终止合同的理由，而且过错方要向另一方支付实际损害赔偿金或违约金。通过要求无过错方采取合理措施减轻赔偿，例如努力寻求替代销售或购买，强硬的处理方式可变得稍微缓和。假设双方更愿意完成销售而不是取消交易，大部分合同也会留给过错方较短期限来纠正问题并完成合同，或许附带要求支付一笔与延误所致损失相当的补助金。

政府干预

如果进口法律在货物报关之前突然改变，以至于一方执行合同变得过于困难或根本不可能执行合同，此时，双方的权利和责任是什么？

不可控因素的影响通常包含在一个被称为不可抗力的合同条款中。但是，不可抗力条款通常规定，如果由于自然因素导致合同不可执行便可终止合同。如果人为事件导致合同执行变得更加困难（例如，由于征收或增加进口关税），或只在一段不确定的时间内根本不可能（例如，因为政府实施贸易制裁），但双方仍想完成合同——如果进口在一段时间之后仍不可行，双方在这种情况下应规定重新谈判或终止合同。

世界各地的进口状况

较之出口，政府对进口控制得更严格，主要是努力阻止国内资本流入国外，并保护国内产业不受获得廉价劳动力和拥有更好生产技术的外国厂商的不正当竞争的影响。以下例子简单说明了一些在世界任何地方从事贸易都可能遇到的进口管制情况。要了解特定国家的进口管制情况，你应该从多种渠道寻求帮助，例如该国管理贸易或进口的政府机构、托运人、货运代理人或海关经纪人或者国际贸易律师。

□ 阿根廷

管制情况：政府对一些进口品实行临时性配额管制，且少数种类产品的进口需政府批准。跟单流程已简化，且大多数进口都不需要许可证。

受特别管制的货物：汽车、纸张、纸浆、药物、粮食及防御材料。

□ 澳大利亚

管制情况：对包括制成品在内的特定货物征收关税。只对少数产品实行进口配额。特定种类的产品在进口前必须达到政府规定的标准。

受特别管制的货物：制成品、纺织品、汽车产品、奶酪和炼乳、毒品、武器、文化遗产、无线电话、波段电台收音机、食品、植物、动物以及受保护的野生动物。

□ 比利时

管制情况：对来自非欧盟国家的进口货物征收欧盟共同对外关税。进口品要缴纳增值税。进口特定国家的特定商品需要进口许可证。对一些进口品实施配额管制。

受特别管制的货物：战略物资。

□ 巴西

管制情况：对进口品征收进口关税、其他税费及相关手续费，几乎所有进口都需要进口许可证。

受特别管制的货物：废旧材料、电脑软件、石油产品、武器和军火、软饮料、易燃物、飞机、危险物质、有机氯农药、杀虫药、农药以及动物食品。

□ 保加利亚

管制情况：进口品要缴纳关税和增值税。有限数量的产品进口时需进口许可证。特定商品必须符合政府制定的产品标准。

受特别管制的货物：农产品、药品、核材料、武器、贵金属及电子设备。

□ 加拿大

管制情况：大部分进口品都要缴纳增值税且不需要进口许可证，但一些产品受进口管制且只有获得执照或许可证之后才能进口。

受特别管制的货物：酒精饮料、食品、服装、毒品、医疗设备、有害产品、某些武器和枪械、濒危物种和机动车。

禁止进口的商品：人造黄油、受加拿大著作权保护作品的重印本及某些猎鸟。

□ 中国大陆

管制情况：虽然许可证制度逐步取消，但是进口许多种类的产品时仍然需要许可证。对进口品征收关税和其他税费，且一些产品的进口需要获得当地和中央政府的批准。

受特别管制的货物：日用消费品、原材料和生产设备。

□ 埃及

管制情况：除特别禁止的商品外，所有货物都可自由进口。对进口品征收关税，但关税正在下调。

受特别管制的货物：某些纺织品和服饰品。

□ 芬兰

管制情况：很多货物都要缴纳进口关税和其他税费。只有少数商品及来自中国台湾和朝鲜的全部产品的进口需要执照或许可证。

受特别管制的货物：汽车、摩托车、烟草、糖果、啤酒和其他酒精饮料、食糖、肥料、活体动物以及动物产品。

禁止进口的商品：化学品多氯联苯（PCB）和聚己内酰胺（PCT）、含酒精60％及以上的酒精饮料、家用酿酒设备、鲸鱼肉以及卤素衍生物。

□ 德国

管制情况：积极执行安全标准措施，且许多产品都需要检测及相关证书。货物进口不需要许可证，但对很多货物都征收关税。

□ 希腊

管制情况：对来自欧盟国家的进口品免税，而其他国家的货物要缴纳欧盟共同对外关税。对来自低成本国家的一些产品实施进口配额制，且少数进口品需要获得政府机构的特别批准。

受特别管制的货物：原材料、纺织品、农产品和药品。

禁止进口的商品：枪械、武器和违禁毒品。

□ 印度

管制情况：对进口货物征收关税和消费税。大部分进口品都需要许可证。通关程序复杂而且每个口岸的程序都不同。一些商品的进口必须由公共部门的队伍运送。

受特别管制的货物：日用消费品、种子、植物、动物、杀虫剂、农药杀虫剂、电子产品、化学品、药品、石油产品以及大宗农产品。

禁止进口的商品：成瘾性药物、武器、炸药、象牙、动物脂肪以及一些服饰品和纺织品。

□ 以色列

管制情况：对各种进口品征收关税、增值税和奢侈品税。实施许可证制度和进口配额制度，主要是针对食物和农产品。

受特别管制的货物：汽车、消费性电子产品、葡萄酒、其他酒精饮料、食物、农产品、新鲜水果和蔬菜。

禁止进口的商品：某些农产品以及某些被视为危害国家安全或公共道德，或危害人类、动物或植物健康的商品。

□ 意大利

管制情况：按照欧盟的要求征收关税且可能征收印花税和行政管理税。少数货物的进口需要许可证或受配额管制。

受特别管制的货物：服饰品和纺织品、武器和军需品、农产品、天然气产品和高科技产品。

禁止进口的商品：粮食、食物色素、毒品、麻醉药、动物产品、植物、谷物种子、酒精、化妆品。

□ 日本

管制情况：由大型贸易公司处理很大程度不受管制的进口。只有少数产品的进口需要许可证。对一些产品征收关税，而仅对某些特定货物实施配额管制，主要是农产品。

受特别管制的货物：农产品。

□ 马来西亚

管制情况：少数进口品需要许可证，而许多进口品要缴纳关税。对某些特定产品实施配额管制，且少数商品的进口有必要获得技术许可证。

受特别管制的货物：武器、爆炸物、机动车、危险药品、化学品、植物、土壤、锡矿、矿渣或浓缩液、某些必要的粮食、塑料树脂、烟草及大米。

□ 墨西哥

管制情况：多数进口品要缴纳关税，且少数产品的进口需要进口许可证。在贸易敏感区实施进口配额和许可证制度。进口品必须符合政府规定的质量和安全标准。

受特别管制的货物：农产品、石油化工产品、鞋类、车辆、电子设备、家用电器和医疗器械。

□ 巴基斯坦

管制情况：对进口品征收关税和其他税费。

□ 菲律宾

管制情况：对一些货物实施配额及许可证制度。对许多进口品征收关税和增值税。

受特别管制的货物：玉米、玉米替代品、生猪、猪肉制品、肉类、肉类制品、大米、椰子油、食糖、水果、烈酒、葡萄酒、加工过的水果和蔬菜、快餐食品、烟草、糖果以及皮革制品。

禁止进口的商品：炸药，火药，弹药，爆炸物，枪械，武器，宣扬或煽动叛国、叛乱、暴动、欺诈或颠覆破坏的手写或印刷的文章，粗俗或不道德的文章，底片或胶片，用于非法堕胎的物品，赌博类物品，金，银，其他贵金属，贴错商标的食物产品，以及麻醉药、大麻和鸦片。

□ 俄罗斯

管制情况：进口危险或有害物品需要进口许可证。对大多数货物征收关税和增值税。

受特别管制的货物：战斗或运动型武器、自卫用品、爆炸物、军事和加密设备、放射性材料和垃圾、毒药、麻醉药、贵金属合金、宝石、酒精、香烟和汽车。

□ 南非

管制情况：许多商品开始免税，但是几乎所有进口品都要缴纳增值税。一些产品的进口需要进口许可证。

受特别管制的货物：饮料、烟草、矿泉水、石油产品、机动车、文具及办公机具、胶片、化妆品、家庭娱乐产品、摩托车、汽车、日用消费品、木材、纸张、发动机和飞机燃料。

□ 韩国

管制情况：想从事进口贸易的当事人必须在贸易工业部注册登记且必须获得从业许可证。每次交易也需要获得许可证。政府对不受进口管制的产品自动授予进口许可证，且对许多产品都征收进口关税。

□ 西班牙

管制情况：进口需要许可证且每次有效期为 6 个月。政府用配额和关税适当控制进口。

□ 中国台湾

管制情况：进口商必须注册登记。对进口品征收关税及各种税收，且一些货物的进口需要证书。

受特别管制的货物：农产品、化妆品、医疗设备、烈酒、烟草及有毒化学品。

□ 英国

管制情况：遵守欧盟共同对外关税的规定，且对大多数货物征收增值税。少数货物的进口需要进口许可证。进口品必须符合产品标准，包括标签要求。

受特别管制的货物：纺织品、电子产品、枪械、爆炸物以及管制药品。

禁止进口的商品：调幅收发报机、投放有毒和有害物质的器械、假币以及某些色情文学。

□ 美国

管制情况：对给美国的国内经济、国家安全、消费者健康和幸福感或国内植物和动物的生命带来不利影响的进口品实施管制。实施配额和关税制度，且少数产品的进口需要进口许可证。

受特别管制的货物：武器、弹药、酒精饮料、食物、奶制品、车辆、纺织品和玩具。

国际支付和汇兑

在跨国交易中，能对买价支付问题的工作有认知非常重要。在进行国内贸易时，买卖双方使用相同的货币、服从相同或至少相似的会计或税收制度，并用熟悉的法律手段寻求本地拒付的赔偿。但这些优势进行海外交易时不复存在。

为了交易成功，跨国贸易商必须熟悉基本的国际会计制度和课税原则，包括国际交易会计制度、收入转移和财务报表的整合。你应该能够将货币兑换差额列入运营预期底线，需要考虑进口国和出口国的具体货币兑换规则，而且必须考虑到付款延误和支付方式的安全性。如果所有的条款看起来都令人费解，最好的做法就是找到一个由银行家、会计师和财税专家组成的可信赖团队。参见世界贸易出版社出版的《国际结算》（A Short Course in International Payments）。

有关国际收支和国际汇兑的合同条款一直在不断改变，这取决于交易所涉及的国家以及你与其他贸易商的交易史。如果你认为自己需要全面保护，那么合同相对来说应该更复杂。如果合同条款简明、所涉及的货币稳定且另一贸易商被证明在货款支付方面可信赖，那么不太复杂的条款就能让人满意。买卖双方应在起草合同时就考虑以下问题。

□ 支付方式

用什么方式完成支付？

通常来说，应该用双方认为安全的方式完成支付。如果买方在过去的交易中都定期付款，往来账户就是令人满意的安全支付方式。如果买方并不是定期付款，卖方应坚持用另一种方式付款。国际交易中四种基本付款方式是预付款（包括货到付款）、跟单信用证、跟单托收或汇票以及往来账户或其他。

如果选择交货后再规定付款方式，就必须考虑到国际交易中的内在困难，尽管国际银行业务可以在全球快速运转。虽然在 15 天或 30 天内付款是国内交易中的普遍方式，但在 45 天、60 天甚至是 90 天内付款在国际贸易中都不是罕见方式。在规定付款方式和支付条款时，一定要考虑到买方是需要获得政府批准，还是以最低成本从买方国家金融机构处获得支付工具。

□ 货币

付款时用哪种货币？

不同货币的使用使国际交易更加复杂。不同货币的相对价值不断变化，一些货币比其他货币更不稳定。交易完成前存在外币贬值的风险，这时卖方收到的钱比预期少。同时，也存在货币升值并带来额外收益的可能性。虽然卖方通常优先选用本币支付，但也应考虑哪种货币更稳定而且相对来说更坚挺。

使用哪种货币支付的问题因国际汇兑和投资管理而变得更复杂。国家政府通常实施这些措施来限制甚至禁止货币流入或流出本国。如果可能的话，你应选择一种相对来说不受这些管制的货币，以便你收到的货款能容易地兑换成本币。双方通常同意使用卖方国家或主要贸易国家的货币，例如美元、英镑或瑞士法郎，这些货币可自由兑换且币值相对稳定。

如果选用的货币正是你不喜欢的，你可以考虑更复杂的安排，例如用记账单位付款［例如由几种货币组成的特别提款权（SDR），使某个差额增加时其他的差额减少］或使用保理商（例如折价购买应收账款所有权的应收账款保理商）。更冒险的安排是在对冲过程中使用远期和期权合同。实质上，没有一个选择能在财源不足的情况下完成，所以明智之举是向财务顾问请教有关以上选择的意见。

□ 不能履行

如果付款对一方来说变得不可能或更难，要采取什么样的补救方法？

一直以来都存在这样的风险，因政府强制管制变更、货币大幅度贬值、股票市场崩盘或其他类似双方无法控制的状况使原本合理的价格变得极端不公平。合同应预见到这些事件，无论多么不可能。合同规定终止条款或再谈判条款是很常见的。

□ 担保

全额付款之后，卖方仍然会为买方提供进一步的激励措施吗？买方有资格获得退款、换货或其他质量和数量担保吗？如果有，取决于什么样的合同条款？

在国际合同中，退货、退款和担保问题被视为与买价支付有关。通过提供这些激励措施，卖方能获得最安全的支付方式，例如预付款或货到付款。总的来说，如果你相信自己的货物和服务质量，就值得用客户服务成本和少许收益来换取安全支付方式。另外，这些激励措施会让你建立起商誉和声望，从而带来更多的商机和利润。

□ 世界范围内的货款支付

稳定的货币

拥有世界上最稳定货币的国家和地区是文莱、英国、法国、德国、中国香港、日本、新加坡、瑞士和美国。

无外汇管制的国家和地区

目前，对进出口不实施外汇管制的国家和地区包括以下一些：阿根廷、澳大利亚、奥地利、巴哈马、巴林、比利时、百慕大、巴西、文莱、保加利亚、加拿大、丹麦、厄瓜多尔、埃及、爱沙尼亚、芬兰、法国、格鲁吉亚、德国、希腊、危地马拉、洪都拉斯、中国香港、匈牙利、冰岛、爱尔兰、印度尼西亚、意大利、牙买加、日本、肯尼亚、科威特、拉脱维亚、黎巴嫩、列支敦士登、立陶宛、卢森堡、中国澳门、马来西亚、马耳他、毛里求斯、墨西哥、摩洛哥、尼泊尔、荷兰、新西兰、挪威、阿曼、巴拿马、巴拉圭、秘鲁、菲律宾、葡萄牙、沙特阿拉伯、新加坡、南非、韩国、西班牙、瑞典、瑞士、中国台湾、特立尼达和多巴哥、突尼斯、土耳其、乌克兰、阿拉伯联合酋长国、英国、乌拉圭和委内瑞拉。

有管制的国家和地区

阿尔及利亚 要通过阿尔及利亚指定银行完成进口付款，所以要考虑到因批准和烦琐程序而导致的可能延误。

巴哈马 超过100 000巴哈马元的进口付款需获得批准。

中国大陆 人民币不能带出中国，且国内银行只给出示有效单据，如进口许可证、合同和拨款申请的贸易商兑换外汇。确保在装运之前得到全套票据和政府批准。

哥伦比亚 国民可持有国外的外汇账户。这种措施可避免因国内外汇管制而导致的支付延误。

塞浦路斯 居民受外汇管制。进口预付款必须获得中央银行批准，其他付款必须在装运后200天内完成。习惯以托收形式付款。

萨尔瓦多 萨尔瓦多国内的待付款必须用本国货币支付，但国内或国外的国际应付款须用双方同意的货币完成支付。居民或非居民要在授权银行用外币开设并持有本地账户。

加蓬 与法国、摩纳哥、前法属殖民地及账户操作国家（中非国家）可自由支付。如果你处于这些区域之外的实施外汇管制的地区，就应寻找一种安全的支付方式。

印度 用于支付进口货物和服务的外汇可自由获取，但用于其他支付目的的外汇须获得储备银行批准。进口[①]支付必须在期限内以储备银行规定的方式完成。应该为冗长的收款条件做计划，而且坚持提前付款可能会减少销售额。

以色列 在常规贸易中可使用外币，但居民必须获得向国外转移资本的许可证。

尼加拉瓜 如果以外币付款，海关只在收到安全付款担保后才放行出口

① 原文为Payments for exports（出口支付），按照上下文应为Payments for imports（进口支付）。——译者注

货物。

俄罗斯（独联体） 卢布不能自由兑换且趋于不稳定，而且在俄罗斯不易获得外币，因此，要使用安全的支付方式并将汇率波动风险列入成本。

叙利亚 资金必须由叙利亚商业银行发放，但如果合同要求缓期付款或采用“凭单据付款”机制，该银行就无权汇款。除非你与叙利亚贸易商已建立商务关系，否则一定要以预付款或保兑并不可撤销的信用证方式销售货物；另外，如果你提供信贷，叙利亚贸易商就能避免执行合同，因为银行不会认可这个支付条款，即使你已经发货。

泰国 进口货款的汇付必须由商业银行、泰国银行或泰国海关批准，这取决于付款额度。

越南 外汇交易在交易所进行，且需用外汇支付进口货款的业务必须在支付前七天向市场提交汇兑标的。作为非居民，你要考虑在当地银行建立账户来储存外币或可兑换越南盾，这些都是可自由兑换并易转移到国外的货币。

工业财产和知识财产的保护

商业成功以信任为基础。买方需要他们能信任的货源，卖方如果能证明并提高自己的可信度就能反过来获利。你的良好声誉会随可信度的建立而四处传播，顾客会随之找到你，于是产生的好商誉就成了你公司最有价值的财产之一。

□ 标记和名字的价值

信任和商誉会不可避免地与你所提供货物和服务的质量和独特性相联系。因此，通过赋予产品一个“吸引人”的名字、标签或其他标志，确保迅速把你的货物和服务与其他贸易商的区分开，这是相当重要的。买方通常从“他们信赖的品牌”处购买服务或商品。因此，名字不仅能区别你的货物或服务，还能把买方的信任扩展到你的全部商品和服务系列。

将一个贸易商的产品和服务同其他贸易商的产品和服务相区分的独特设计、方式、名字和符号构成了工业财产和知识财产。这类财产中的专有权非常有价值——你能以此作为信誉支撑。对你的一个品牌产品感到满意的买方很可能认为你的其他产品和服务都有相同质量，都相当物有所值，并可能将你的名字告知他的朋友或生意伙伴。

□ 合同保护

无论什么时候进行国际贸易，对工业财产和知识财产专有权的保护应该是最重要的事情，因为存在侵权高风险。在很多国家，通过侵犯他人高质量产品的声誉来攫取巨额利润的机会，远远多于侵权者面对民事或刑事诉讼的可能。除了发现千里之外的侵权并与之对抗的困难和产生的费用之外，你很可能发现不能执行或无法获得侵权的补救方法，你甚至还会发现另一贸易商的行为按照外国法律并不算侵权。

□ 不保护商标的后果

如果另一贸易商未经同意就使用你的商标或抄袭你的设计，你辛苦构筑的商誉就被他免费搭了便车。你失去的不仅是销售额，还有商誉价值，因为你不能控制另一贸易商所提供的服务或商品的质量。你甚至失去了名称、商标或设计的专有权——你再也不能将其作为区别你和所有其他贸易商产品和服务的唯一方式。

□ 保护范围

不管你的合同是为一次性交易还是持续性商务关系订立，双方应确保合同明确规定了工业财产和知识财产条款——卖方应保护此财产中的专有权，买方应防止卖方提出侵权诉讼。所以，订立合同时应考虑以下问题。

明确权利

哪些工业财产和知识财产权利授予了买方，卖方保留了哪些权利？

在一次性交易中，除与指定货物销售相关的权利外，通常不授予买方任何工业财产或知识财产权利，这是合同应明确声明的事实。如果授予买方任何权利，必须明确说明权利范围：是许可证（卖方保留所有权）还是转让（卖方把所有权转移给买方）？

产品修改

卖方期望或允许买方更改产品或产品的名称、标志、标签或包装吗？

作为工业财产和知识财产的所有者，卖方在授予他人更改产品本身、名称、标志、标签或包装的权利时应十分小心。这些改动将影响卖方在市场上的名望和商誉。卖方应保留控制权以确保这些改动是促进而不是损害。应要求买方公开预期改动，且卖方应考虑提供符合买方规格要求的货物。如果有改动的话，合同条款应明确规定允许买方作出改动。

广告

如果买方为货物做广告，卖方如何保护自己的知识产权？

禁止买方为货物做广告是不现实的。因此，合同应通过规定所有广告必须提到商品来源及原产地，以此来保护卖方权利。合同还应责令广告中必须包含一个说明，用以声明卖方是广告中出现的名称、标志、标签或其他财产的唯一所有者。

买方的侵权保护

当买方销售货物时，什么办法可保护买方对工业财产和知识财产权利的侵权不负责任？

买方可能处于来自两个方面的侵权索赔风险：卖方及宣称对卖方所有的工业和知识财产更有权利拥有所有权的第三方。在合同中包含一个条款，指出假设买方遵守合同条款，卖方就无权起诉买方侵犯其工业或知识产权，是明智之举。为了保护买方免遭第三方索赔，合同应要求卖方保护买方。

卖方免受侵权损害的保护

如何保护卖方的财产权利在买方市场免遭侵权？

决不要自愿允许在一个你还未向政府机构申请工业或/和知识产权注册的国家销售你的货物。（注意，极少数无法注册的国家通常使用公布告诫通知的方式。）第一，提交注册申请。为了获得财产权利的保护，没有必要等待申请被批准下来，这通常要花费几年时间。在许多国家，将专有权授予第一个提交申请的人，而不管卖方是否为国际知名企业并已在其他地方使用这个标志几十年了。

合同应指出财产权利已在买方国家注册或正在注册中，买方不能干涉产权注册或申请，且在其本国内承认卖方的财产专有权。虽然这个条款实际上并不能阻止买方侵权，但如果合同语言足够强硬，会起到预防性措施的作用。

为了让买方协助你阻止侵权而增加激励措施，甚至针对买方是侵权的原因或干涉了卖方产权注册而增加违约金条款，这是很好的主意。另外，卖方在达成交易之前了解买方的商业背景至关重要。如果买方有大量资金支持，明智之举是亲自拜访买方的营业地点并一开始就与其建立稳固的商业关系。

买方收到货物后，卖方必须跟踪买方的销售进展。同意回购新开垦的市场上的剩余货物是明智之举。如果买方获得成功，卖方应与其建立长期合作关系，以确保买方继续代表卖方在市场上售卖产品。从另一方面来说，如果卖方打算将合同限定为一次性销售，合同应非常明确地说明这一点。在特定区域内，如果卖方没有监控销售，买方决不会下新订单也不退货，这时最大的可能是未授权的仿制品很快要上市了。

法律、管辖权以及补救方法的选择

一般不会出现选择法律、管辖权和补救方法的问题，除非你与另一方就合同条款产生纠纷，但是提前计划总是比不计划的花费少且意外也少。即使你非常信任另一贸易商，最好是起码指出双方想使用哪项国际或国家法律来确定双方权利和责任。此条款通过提前确定债权和债务而让你预期到未来风险。你可进一步选择管辖权和补救方法以解决不能由谈判平息的纠纷，从而进一步控制合同执行中的内在风险。所有提前选择都会在长期内为你省钱。订立合同时要考虑以下问题。

□ 法律的选择

使用哪项法律确认合同条款的含义？

如果纠纷需要由第三方解决，例如法官和仲裁者，这个人首先必须决定使用哪项法律做决策。美国国内合同有几个选择：本国法律、国内某个州的法律或本国或州内的自治区或其他当地政府部门的法律。对国际合同来说，所有国内法律都应考虑，再加上国外贸易者国家、州和/或地方政府部门的法律。另外，可使用一个或多个国际条约，例如《联合国国际货物销售合同公约》，除非合同中有其他明确规定。

记住你的法律选择可能受进口国或出口国法律限制。在一些国家，所有与其国民缔结的合同都必须服从本国法律。因此，除非你规定了明确的保护条款，否则你会发现合同条款失去控制力，甚至整个合同无效。

□ 法院的选择

当事人在哪里有权寻求补救方法？

法律的选择和管辖权的选择没必要相同。因此，你可同意使用合同执行地阿根廷的法律，但坚持将佛罗里达州迈阿密的法院作为寻求补救方法的法院——假设法庭同意使用你所选用的法律。

□ 管辖权的行使

所选法院对你的交易有管辖权吗？有可能行使这个权利吗？

案件能否在所选法院受审，取决于两个因素：法院使用法律的权利和意愿。

一国法院对任意特定案件行使管辖权的“权利”取决于本国法律。一些国家的法律立场狭隘，而其他国家的法律允许扩展的管辖权。因此，明智之举是向熟悉所选法院适用法律的专家咨询，以确定法庭是否有合法权利对受合同管制的双方及财产行使管辖权。

法庭有权行使管辖权并不意味着同意审理并判决这个诉讼案件。在多数地方，法庭可酌情拒绝对国际纠纷行使管辖权，支持另一个它认为更适合解决此问题的法庭来解决此纠纷。如果缔约双方都同意法院的选择，法院在行使自由裁量权时可能会考虑双方意愿——你的选择有希望得到法院的支持。

□ 执行

如果你足够幸运地获得了以你为受益人的法院判决或仲裁裁决，你要在哪里执行裁决结果呢？

在选择法庭时要考虑自己能否从判决或裁决中获益。如果你不能执行判决或裁决，寻求并获得这些决议就没有用。执行决议是一个法律过程，例如财产扣押或具体的履行命令，因此必须由官方人员执行，例如按照法律规定有权执行法庭裁决的法院执行员、警察、地方法官等。但底线是，决议执行地的官员必须认可判决和裁决的有效性。如果你在一个法院获得法庭的裁决而在另一法院寻求裁决的执行，就可能遭到拒绝。认可来自他国的决议和判决关系到自由裁量权。因此，如果你需要在别处执行法庭裁决，在本国起诉时要三思而行。

□ 补救方式的选择

允许每一方寻求的补救方法是什么？

在纠纷发生时限制责任和费用的一个简单方法是提前选择补救方法。通常来说，成本最低的补救方法是谈判。但如果你需要依靠客观的第三方做决议，假设容易获得的话，仲裁是一个好办法。仲裁条款在国际商务合同中很常见，因为较之诉讼，双方对仲裁过程有更多的控制权。

第 7 章

交易双方——第二阶段

要迎接突如其来的状况。如果预料到什么可能出错，你就可以提前计划并有希望避免灾难发生。但困难是弄清楚什么会出错。当你在国际合同中进行业务、财务和法律安排时，应该已经考虑过自己的责任和补救方法。否则，你不太可能在国际层面上保持竞争力，因为保护交易的成本远远超出了跨国交易的利益。当你认为自己达成了最划算的交易时，请核对以下讨论的所有要点。

买方

□ 收到书面合同

你口头同意了合同条款。卖方寄给你一份书面合同，但其中的一些条款与口头协议不同，一些条款完全遗漏，还有一些新条款增加。如果你签订了此协议，不管口头协议如何都会受到条款的约束。虽然口头协议有时用来证明合同意图，但书面文字才是最有力的协议证据。确保书面文字正确说明了你对合同条款的理解。当双方有相同的意图和对合同条款的理解时，缺少共同协议会使整个合同无效。

教训☞

确保表明你意图的合同条款已书写成文，并确保你与卖方对其理解一致。

□ 行动前订立明确协议

卖方寄给你一份书面合同，你修改了其中一些条款，完成后将合同寄回。出于对合同的信任，你为产品做昂贵的广告、安排仓储空间并雇用员工。而货物未按时送达，于是你因实际履行和违约起诉卖方。但卖方声称你对合同做了实质性改动，因此你们之间未达成合同。但你认为改动微小且寄回给卖方时对合同的执行构成了报盘接受。如果你不能与卖方友善地解决纠纷，你会受第三方关于改动是否为“实质性”改动的裁决支配，而“实质性”最多是一个模糊标准。

教训☞

原封不动地接受报盘条款，或者，如果修改了任何条款，都会使合同的成立取决于另一方对修改后报盘中确切条款的明确承诺。

□ 证实卖方订立合同的权力

你在贸易展销会上与卖方第一次会面。卖方自称代表 XYZ 公司，但名片却来自 ABC 公司。你向这个卖方采购货物并订立合同，以现金支付换取在 14 天内交货的保证。在期待货物交付的过程中，你又签订了后续销售的协议。但 XYZ 公司未发货且拒绝履行合同，因为卖方并不是其授权代表。你与 XYZ 公司订立的合同无效，因为卖方无权订立合同，且因为你有卖方无权订立合同的合理线索却未核实，所以你无法基于卖方的表面授权执行合同。另外，如果你不能把货物交付给后续销售协议中的另一方，就会在后续合同中违约。

教训☞

如果你有任何理由怀疑卖方没有权力订立合同，不管是因为卖方并非公司代表、并非成年人还是因其看上去没有足够认知力，在核实卖方授权和协议有效性后才能信赖合同。

□ 清楚你将得到的货物

你想买红色的货物。合同规定卖方发给你红色货物，除非在红色货物没有的情况下卖方用类似型号和质量的其他货物替代。如果你同意这个条款，就不能因收到蓝色货物而提出异议。如果你想要的货物必须符合特定要求，确保合同中明确规定了这些要求且不允许使用替代品。

教训☞

如果你关注自己所购货物的质量、数量、类型、特点及其他方面，确保合同的说明准确且未经你的事先同意不得更改。

□ 限制来自不可控因素的风险

你同意用币值稳定的货币付款。而本国的政治和经济形势相对不稳定。当货物送达且付款到期时，本币贬值使付款变得不太可能。合同没有包含例外条款，例如重新谈判条款或不可抗力条款。如果你不能找到支付方式就会违约。

教训☞

坚持让卖方认识到你面临本国经济和政治形势的困难，并令其相应地在合同条款中提供通融贷款，以此来保护自己不受变化无常的政治和巨额融资的影响。

□ 要求严谨的条款

卖方提供给你备忘录或简明合同。你十分满意卖方高效率地坚持交易的基本原则。合同规定其受《联合国国际货物销售合同公约》管理，因此没必要明确规定每个法律责任、关税义务以及债务。但当纠纷出现时，用 CISG 处理，结果出人意料地利于卖方，因为在 CISG 下合同中的默认条款不同于在本国法律下合同中的默认条款。

教训☞

严谨的合同条款可确保对你的权利进行保护，即使条款更详细且合同更长。

如果你想控制纠纷结果，就必须控制合同条款的意图和解释——这最好由准确、严谨和完整的合同条款解决。

□ 行为与书面规定相符

你与卖方已经做了几年生意，你用相对简单的方式下单，卖方立即发货而你要在 30 天内付款。这种处理方式没有写入任何合同。在下一批货物中，你未能在往常时间内付款。卖方起诉你违约，而你声称 90 天是合理的付款期限且合同应默认此条款。但法庭根据你先前行为默认付款期限为 30 天，而且你必须支付全部货款及超过 30 天后的利息。

教训☞

最好把交易习惯建立在书面合同的基础之上，而且如果你想改变交易习惯，一定要做书面更改。

□ 签字前理解所有条款

由卖方起草的合同规定“按照 CPT 纽约（Incoterm 1990）规则，自合同生效之日起在不超过 30 天内交货”。卖方有多年的经商经验。没有一个条款对你来说特别困难，所以你签订此合同。卖方于合同签订之日起 3 天内发货，但这些货物并未送达纽约。你出现损失，而卖方还要求付款。于是纠纷升级以至于最后你起诉卖方，而卖方又反诉你。

法庭认为合同模糊不清，因为按照 CPT 术语规定，当货交给承运人时卖方义务终止，但此合同看起来也要求卖方把货物运往纽约。法庭进一步认为，双方作为商人都非常精通生意，并且本应遵守 CPT 交货惯例。因此，法庭判决风险在货交承运人时转移给买方，你必须支付货款并承担损失。遗憾的是，你没有为货物运输取得保险，因为你认为当时风险在于卖方，所以你必须用自己的钱来执行判决了。

教训☞

注意一定要完全理解合同条款，如果你对合同条款的意思有任何怀疑或臆断，一定要询问另一方对此的理解，且在接受合同条款前获得来自你自己律师的法律建议。

□ 确保补救方法对你有用

合同规定合同受卖方国家的法律管制，且任何一方只能在卖方国家的法院寻求对另一方的救济方法。你认为卖方是可信赖的合作伙伴并将严格执行全部合同条款。而且，你也从未考虑过要起诉任何人。你把预付款寄给卖方，但货物根本就没送达且卖方对你的要求置之不理，此时你必须以相当大的代价在远离家乡的卖方国家索求赔偿（除非本国法律禁止在与本国国民订立的合同中包含选择法律和法庭的条款）。

教训☞

确保你能使用合同规定的救济方法——以防万一有需要。

卖方

□ 签订书面协议

买方口头下单订购你的货物。你以货到付款方式发货。买方进一步指出货物必须带有某个特定标签以满足买方国家消费者法律的要求。你赶制并贴好标签、包装好货物、安排好报关和装运，并将货物在下单后12天之内运交承运人。一天之后且在买方收到货物之前，买方打来电话取消订单。你起诉买方违约，但买方却反诉你未在通常的10天内交货而违约，从而赋予买方取消订单的权利。法庭判决很可能支持通常的行规，因为你没有绝对证据证明自己修改了惯例，例如书面合同。另外，作为卖方和托运人，确保权利清晰且责任明确，这完全在于你自己。

教训☞

确保合同是书面合同。对于一次性订单，交易备忘就足够，假设其中已包含交易中全部必要条款。

□ 行动前订立明确协议

你给买方寄去一份合同，买方将合同寄回并附带对其中一些条款的更改和一个订立合同必须同意确切条款的声明。你检查这些改动，做了两处很小的修改后寄回给买方。谈判很顺利而且你希望随时达成协议。为了按期完成，你决定提前准备，包括应买方要求印制特殊标签并重组生产线。但买方取消了订单。如果你起诉买方实际履行和违约，很可能会败诉，因为你们从未订立任何确定的合同——由于你做了两处微小改动，而买方还盘时要求同意合同的确切条款，所以你也做了一个还盘。

教训☞

直到订立了双方都无条件接受报盘的合同，你才有权利信赖对方的承诺。如果你提前行动，就会承担对方撤销合同的风险。

□ 证实买方订立合同的权力

买方给你打电话并声称自己代表 LMN 公司。你之前从未与这个买方或 LMN 公司做过生意，所以你需要这个买方及这个公司的背景资料。买方传给你一份 PQR 公司的小册子，并解释说 PQR 公司是 LMN 公司的母公司。你同意按 30 天内付款条件把货物卖给买方。但你发货后却根本没收到付款，货物也没被退回，而且再也没有收到过买方来信。两个公司都不关注你的付款或退货要求，并断言买方不是授权代表。你的合同无效，因为买方没有订立合同的实际权力或表面授权，而且你不能向这两个公司追索赔偿。

教训☞

如果你有任何理由怀疑买方没有被授权订立合同，无论是什么——不管是因为买方并非公司代表、并非成年人还是因其显得没有足够认知力——一定要核实买方的授权以及协议的有效性。

□ 限制来自不可控因素的风险

你同意给一个政府和经济相对不稳定的国家发货，买方提前付款。在发货前一天，本国对另一国实施贸易制裁。两国国民间的所有交易突然停止。而你的合同未包含例外条款，例如重新谈判条款或不可抗力条款，如果不交货就会违约，但交货又意味着你将受到本国的刑事处罚。

教训☞

你同买方一样容易受到自己无法控制的事件影响。双方应订立例外条款，以防止因你们无法控制的事件而使合同执行变得过于困难或不可能。

□ 使合同完整且严谨

你给所有买方提供的标准合同只有一页长。你更喜欢用简明合同。你只包含了有关货物、价格、支付和交货的基本条款，剔除了你认为多余的条款，例如有关转让、商标、法院选择、不可抗力以及书面修改的条款。你与外国买方的意见一致，同意协议受《联合国国际货物销售合同公约》的管理，所以如果合同中没有关于法律责任、关税义务和债务责任的条款，法律将按照 CISG 规则处理。买方接收了货物但未再次下单。两年后，你试着在买方国家注册商标，却发现买方已经在其本国注册了你的商标且正在销售你所生产的货物的仿冒品。《联合国国际货物销售合同公约》不包含这种情况的处理，合同中也没有保护性条款，而且你还未注册商标。因此，你不能要求违约索赔，也不能要求注册商标侵权索赔。你的选择仅限于设法说服买方，即现在的侵权人，停止侵权并走合法途径（例如通过许可证方式或与你建立合资企业），或者基于司法上认可的不当行为起诉侵权人（这也取决于法庭的自由裁量权）。

教训☞

使用严谨且完整的合同条款——仍可是简单明了的——会使解决纠纷或过后执行合同所需要的成本和劳动力最小化，而且结果更可预测。

□ 行为与书面规定相符

多年来，你一直按照合同规定给买方提供货物，也按此合同生产符合买方规格的货物，假设买方在发货前 45 天通知你产品规格。而这些年来，你一直在收到买方规格要求 15 天内给买方发货，而且买方已经依赖你的快速周转。这次买方下订单并寄给你货物规格，你为买方定制这些货物后在 42 天后发货。但买方拒绝接货并因你未按时交货起诉违约。法庭判给买方损害赔偿，因为你们已确立了交易习惯。

教训☞

最好把交易习惯建立在书面合同的基础之上。如果你改变了交易习惯，一定要做书面更改。如果你不想更改合同条款，尽管贸易习惯有所改变，那么一定要确保合同中包含不放弃条款。

□ 确定你能使用合同规定的补救方法

合同中规定，合同受本国法律管辖且只能在本国法院寻求法律帮助。如果买方接收了货物但未付款，你在本国法院起诉买方并获得法院判决，但买方国家的法院拒绝承认此判决，你无法在买方国家回收账款除非你寻求进一步的补救方法，很可能是在买方国家的一场新的审理。

教训☞

在合同中规定有效的补救方法——以防万一你需要使用。

买方律师

作为买方，你认为自己已了解这次国际交易的各方面并为其做好了准备。你知道什么会出错并尽最大努力保护自己。现在有个难题：你咨询过法律专家吗？如果没有，你应该检查以下问题。如果对这些问题不熟悉，你应该考虑向精通国际贸易惯例和法律并会为你提供以下服务的律师咨询法律建议。

检查卖方资信

检查卖方的财务和经营背景，指出冲突的信息并完成几个基本的背景调查。

检查付款要求

证实合同要求的付款方式可在本国使用，确定获取此付款方式的成本并在合同截止日期之前找出安排付款的步骤。

如果你提前付款，确保你在货物未送达的情况下受保护。

检查所需要的保险

检查合同，以确定什么时候货物的所有权和遗失风险转移给买方，并就买方是否为此风险充分投保提出建议。

检查进口要求

证实进口品未被管制进口类型的法律、反倾销条例或配额禁止。

证实进口品是否要缴纳反补贴税。

证实你是否负责报关，是否以最有效的方式完成了所有报关所需票据。

在边境延误情况下推荐采用避免货物损害的措施。

加快放行在边境已延误或扣留的货物。

就海关电子申报、进口保函、临时进口程序以及保税仓库提出建议，作为避免边境危机方式的建议。

解释所使用的分类和估价系统以评估关税、从价税和罚金。

证实海关是否基于特定方法推导出的价格为货物估价，或者证实此价格及相应的货物价值是否准确。

检查货物分类，如果必要的话提出质疑。

确定你是否受任何执照、许可证、税费或进口、运输、使用或销售货物的其他责任制约，并就服从程序提出建议。

检查适销性要求

就消费者法规、环境法规、健康法规及影响货物标签、标识、运输、储存、使用和销售的其他法律法规提出建议，并推荐最有效的遵守法规方式。

检查税收要求

确定本国进口免税贸易区、说明免税资格并帮你加入这样一个区域。

证实你是否为税收机关或海关当局保留了专门记录。

检查进口要求

解释退税要求、确定你是否有资格获得退税并帮你获得退税。

对自由贸易协定和特惠制的优势以及你能否利用这些优势提出建议。

检查所涉及的风险

检查你对货物缺陷或知识产权侵权引起的第三方损害赔偿索赔的潜在责任，并就保护方式提出建议，例如保险、通过法人公司或其他实体来经营你的业务或要求卖方保护。

对构成侵犯卖方知识产权的行为提出建议并推荐保护卖方权利的有效方式以避免侵权。

卖方律师

作为卖方，你对自己无懈可击的合同非常自信。你在几个国家都使用相同的合同，而且从来没有因为使用谈判或法律手段解决纠纷出过问题。你已经把国际贸易做得很成功。但为什么你现在为法律建议烦恼呢？或许你确实遇到并处理了以下所有问题。如若不然，你会很高兴听说有一位国际律师能回答你的问题并通过以下途径帮助你。

检查政治和经济风险

认识并预测到买方国家经济或政治状况的不稳定性。

就本国政府的管制和禁运措施是否影响你与另一国的国民交易提出建议。

检查买方的资信

确认买方的财务和经营背景、与银行和政府机关的良好关系、信誉可靠度及职业道德表现。

检查付款方式

对多种付款工具的可得性和安全性提出建议。

证实本国法律不禁止或限制出口类型。

检查进出口问题

确认买方国家法律不禁止货物进口且货物不受反倾销法或配额管制。

证实你是否负责报关，是否以最有效的方式完成了所有报关所需票据。

就所有权和遗失风险转移给买方的最佳时间提出建议，并对你是否为货物充分投保以防止转移中的损害或遗失风险提出建议。

加快放行已在边境延误或扣留的货物。

就海关电子申报、装运前海关检查以及保税仓库提出建议，可作为避免边境危机方式的建议。

解释本国和买方国家所使用的分类和估价系统以评估关税、从价税和罚金。

检查你的发票以确保买方为征收关税和其他税费显示了正确的货物估价。

确定你是否受任何执照、许可证、税费或进口、运输、使用或销售货物的其他责任制约，并就服从程序提出建议。

就消费者、环境、健康及影响货物标签、标识、运输、储存、使用和销售的其他法律法规提出建议，并推荐最有效的遵守法规方式。

确定本国出口免税贸易区、说明免税资格并帮你加入这样一个区域。

确认你是否有资格获得本国任何政府计划下的出口手续费或税费的退还。

对自由贸易协定和特惠制的优势以及你能否利用这些优势提出建议。

证实你是否为税收机关或海关当局保留了专门记录。

检查所涉及的风险

检查你对货物缺陷引起的第三方损害赔偿索赔的潜在责任，并就保护方式提出建议，例如保险、通过法人公司或其他实体来经营你的业务。

对如何保护自己的知识财产专有权不受侵犯以及监管和打击侵权的最有效方式提出建议。

第 8 章 起草严谨的合同条款

起初，认识到自己不能解决合同条款中的每个空白并填补所有漏洞，这很重要。理由很简单：你并不知道所有的空白和漏洞。尽管你试着堵住每个漏洞，但遗漏的那个就会成为日后的争议并重新进行谈判。

你不能拟订出完美的合同，尽管如此，你应该尽可能清楚地起草合同条款。条款越确定，纠纷就越少。要使用精准语言，寻找薄弱环节。自问：如果会出错，哪里会出错呢？而且记住，当事情出错时，你应该纠正合同条款中的错误以避免下次交易出现相同错误。

以下合同条款和线索旨在给出查找模糊和严谨语句等种种惯例。这些条款都是说明性的且不包括所有方面，因为不可能预测到每个语句措辞。你的目的应该是用另一方的视角检查自己的合同：你的合同中有什么缺点可使另一方找出自己的优势？然后从自己的角度看：履行和强制执行合同的要求可行、充分且有效吗？

具体合同条款

□ 签字时合同成立

不恰当条款：

已签合同对双方都有约束力。

分析：此条款的意图是规定合同成立的时间和方式，但其表述不明确。如果合同仅由一方签字，会对双方有约束力，或者必须双方都签字才有约束力？如果双方在不同日期签字，哪个有效呢？如果最后一个签字方在签字前更改了条款，合同能成立吗？

较好条款：

生效日期：假设【卖方/买方】不修改、删除或增加合同条款，合同自【卖方/买方】签字之日起对双方都有约束力。

□ 接受订单后合同成立

不恰当条款：

在卖方接受由所附规格说明提供细节的订单时，合同对双方产生约束力。

分析：此条款没有规定在哪天之前接受报盘——完全是一个开放式合同。一般规则是如果没有指定时间就必须在“合理时间”内接受报盘，但“合理性”是一个实际而又自由的标准。如果买方下单后在其认为合理的时间内未收到接受通知，买方就会决定向另一个卖方下单。可以想象当买方收到来自不同卖方的两批货物时会有多惊讶。

较好条款：

生效时间。假设卖方不修改、删除或增加合同条款，在【日期】前签订合同，在【日期】前将已签合同副本传真给买方，并把已签合同原件邮寄给买方，则合同自卖方签字之日起对双方有约束力。

常用合同

你想立刻制定协议以实现一致的商业惯例，或者，省下准备合同的高昂法律费用。你应该使用预先印好的合同吗？或至少使用每当需要时可打印的标准合同吗？尽管使用预印或标准合同确实是做生意的有效手段，但你必须同时留心合同的缺点，并在万一出现纠纷的时候保护自己不会遇见合同条款无法执行的情况。

清楚这些缺点

预印合同未规定特定商业交易的特殊情况。

预印合同可能包含另一国国民不明白的复杂条款。

预印合同条款过于简单以至于遗漏在某些重视合同的国家中保护己方权利的必要条款。

预印合同未包含另一国法律规定下的强制条款。

预印合同包含另一国法律认为不可执行从而会使整个合同无效的条款。

预印合同或其中任意条款都可能违反另一国的公共政策，从而使合同失效。

你的预印合同可能与另一方的预印合同的内容有冲突，且如果双方都同意使用两个合同，关于应实施哪个冲突条款就会产生纠纷。

阻止潜在执行问题

考虑预印合同的修订和删改以保证条款符合公共政策和法律要求。

考虑使用两个或多个不同的预印合同，用以解释合同安排的文化取向差异。

向熟悉本国或本地区法律和惯例的律师咨询法律建议，以确定预印合同是否可在当地执行。

把日程表和附录添加到预印合同中以说明随每个合同变化的信息，如货物的数量和描述。

让所有当事方都在预印合同的每个条款或至少每页上签名或签下姓名首字母以表明对合同条款的认可和理解。

一些条款规定了对一方接受合同履行必不可少的要求和责任，使这些条款印刷的尺寸和风格多样化。

□ 货物描述

不恰当条款：

货物描述如下所示：【列出合同包含的所有货物的规格和数量】。

分析：虽然此条款从订立合同的目的来说足矣，但并未考虑到贸易的可行性——尤其是国际贸易中很难在购买前验货、准备货物海外销售的昂贵费用、昂贵的运输且总有一点延迟交货倾向。如果合同条款反映跨国贸易惯例并始终保护你的权利，就可避免给双方带来纠纷和不便。条款应考虑到买方要求及卖方履行合同的合理变化。当然，所规定的变化必须符合你的境况，因此这里列举几个备选方案以给你一些起草合同的启示。

较好条款：

可接受的货物数量/种类/颜色。如果卖方交给买方与合同指定数量差不多的货物，假设其变化不超过合同指定数量的百分之【数字】，交货量就可接受。如果所交付货物的种类、颜色或其他特征与合同的指定描述不同，假设【请注明，例如，唯一的差别是修饰颜色或此差别是生产变化的结果，打算将所提供的货物用于相同用途，卖方在发货前向买方提前递交了变更通知且买方书面同意此变更】，货物就可接受。

较好条款：

可接受的货物颜色/组成。卖方同意销售且买方同意购买描述如下【请注明】的货物。双方知道货物颜色或组成变化多样【取决于制造所用的原材料或因货物手工生产】。货物颜色和组成由卖方自由决定，假设货物质量不受影响且如果颜色是【请注明，例如，任何深浅紫色】，卖方必须在发货前【数字】天向买方递交书面通知。在收到变更通知的两天内，买方只能通过发给卖方的书面通知来执行取消合同或确认变更的选择权。如果卖方未收到任何书面取消或确认通知，就会装运首选颜色或按照现有货物颜色构成装运，并用至少是同等质量的货物补足差额。

较好条款：

指定数量。卖方同意销售且买方同意购买描述如下【请注明】的货物。不晚于【日期或期间，例如自合同生效之日起 30 天】，买方寄给卖方书面通知指定所购货物数量不能少于【数字】也不能超过【数字】。如果卖方没有及时收到买方关于指定数量的通知，货物数量就是【数字和计量单位，例如，2 000 单位或 250 箱】。

较好条款：

数量/规格变更。卖方同意销售且买方同意购买总量为【数字和计量单位，例如，2 000 单位或 250 箱】且描述如下【请注明】的货物。不晚于交货前【数字】天，任何一方需书面通知另一方货物数量或规格变更，假设任何要求的数量变更不多于【数字】也不少于【数字】，并且任何要求规格变更的原因必须在书面通知中写明。收到变更通知的两天内，被通知方只能通过发给另一方的书面通知来行使取消合同或同意变更的选择权。

较好条款：

全部产出。卖方同意销售且买方同意购买所有卖方在【地址】的工厂从【日期】到【日期】生产的【描述货物】。双方同意货物数量约为【数字】，购买价格含【所含成本】在内，每【单位数量】【币种和金额】。

较好条款：

所有要求。卖方同意销售给买方其要求在【日期】到【日期】内得到的【描述货物】数量，且买方同意以含【所含成本】在内的【每单位数量币种和金额】价格购买货物。双方同意卖方要销售且买方要购买至少【数字】的货物，但不要求卖方提供多于【数字】的货物。

使条款更严谨的十个小要点☞

1. 查找模糊标准，如“合理的”、“实质的”或“大量的”。通过指定你认为合理的时间，确定你认为实质的条款、权利或责任，或者指出你认为大量的数量，试着更明确地重申这些标准或将其完全删除。

2. 理解合同条款的字面意思而不看“字里行间”的含义或对合同意图做任

何假设。确定合同条款的表述是你真正想表达的意思。

3. 通过将长句分成短句、省略不必要的连接词并减少名词和动词词组来简化复杂条款。

4. 用“简明英语”书写合同。如果你不能理解自己的合同，试着少用法律术语或夸张词汇。

5. 注意不要错过期限。如果合同未规定执行时间，通常要默认一个合理时间，而“合理性”就是其中一个模糊标准。

6. 使用正确的语法。确定条款叙述正确、标点符号明确，表达了条款含义且一丝不苟。

7. 通过设置情景来寻找模糊语句。假装你是自己最大的敌人，怎样可以避免执行合同呢？

8. 避免使用对另一国的当事方几乎没有意义的口语。用通俗易懂的方式表达你的意思。

9. 不要试着包括一切。你根本不能详细罗列所有一切。灵活条款包含的内容实际上比那些试着包含一切但最终未包含的条款列表更多。

10. 留意有一词多义的情况。试着重新叙述或至少确认这些词的意思。“装运”的意思是“用卖方的卡车运离卖方仓库”还是“转交给码头上的承运人”？

□ 货物质量

不恰当条款：

货物适合度。货物必须具备可销售品质。

分析：“可销售品质”仅意味着货物适合其被合理使用的任何普通用途，其中可能包含无意但合理的用途。这个执行标准模糊且无论对买方还是卖方都没什么意义。例如，椅子是用来坐的，但当眼前没有脚凳时，椅子通常就是方便的替代品。因此，当制造商销售具备可销售品质的椅子时，应考虑到会有人站在上面。购买椅子的买方不能确定椅子能否用于除了坐之外的其他用途。即使这个椅子只能用来坐，“可销售品质”并不能确定可安全放在椅子上而不使其倒塌的最大重量。特定执行标准会保护双方免受因货物用于合理但非预期用途而引起的损害。

较好条款：

买方未指定的货物适合度。货物【说明执行标准，例如，符合（国家）（法律名称）所规定的技术标准、达到家居使用的行业标准或支持（标准）中的最大值】。货物用来【注明用途】且再无其他用途。买方未告知卖方货物将用于任何特殊用途，且卖方不会向买方声明货物可用于除以上规定之外的任何其他用途。

较好条款：

买方指定的货物适合度。货物【说明执行标准，例如，符合（国家）（法律名称）所规定的技术标准、达到家居使用的行业标准或支持（标准）中的最大值】。货物经过改良已达到买方规格要求而不用修改现有标准。货物用于【注明用途】且再无其他用途。卖方不会向买方声明改良货物会适合其预期用途。

□ 固定购买价格

不恰当条款：

购买价格。买方同意以每【计量单位，例如，250 单位每箱】【币种和金额】的价格购买货物。

分析：由于要使货物满足在外国销售的法律和文化要求，较之国内贸易，国际贸易中的制造和包装成本更难估算。更可能的是，货物的长距离海运以及货物在多个承运人之间的转移会要求不同包装。在大洋彼岸的买方国家，尤其是高通胀或有其他不稳定因素的经济体，市场甚至在货物到达买方之前就已发生变动。为了反映这些困难并鼓励双方避免违反负担较重的合同，国际贸易合同应允许调整买价。

较好条款：

购买价格。买方同意以每【计量单位，例如，250 单位每箱】【币种和金额】的价格购买货物。货物购买价格可按以下条款调整：

1. 如果由于交货前的某原因，卖方的制造和生产成本大幅度增加，以至于卖方以原定采购价销售货物会遭受极大困难，双方同意尽力重新协商一个公平且合理的价格。为要求重新谈判，卖方必须至少在交货前【数字】天以书面通知买方需要重新谈判买价。如果双方未能达成新的买价，此协议终止且任何一方无须承担任何责任。

2. 如果由于交货前的某原因，【国家】的货物市场价格大幅度下降，以至于买方以原定采购价格购买货物会遭受极大损失，买方拥有同卖方相同的权利以寻求重新谈判。为要求重新谈判，买方必须至少在交货前【数字】天以书面通知卖方需要重新谈判买价。如果双方未能达成新的买价，此协议终止且任何一方无须承担任何责任。

□ 含有成本的购买价格

不恰当条款：

购买价格。购买价格包括包装、搬运、装运、运输费用以及海关手续费和报关成本。

分析：你不太可能预测到将货物由卖方运到买方所涉及的手续费和支出金额。如果估价太低，卖方利润会大幅减少甚至消失。如果估价太高，第一眼看上去产品就没什么竞争力——通常第一眼最重要。而且，买方可能会提出反对，认为成本太高或不适合特定批次的货物。较好条款会逐条记录费用和双方负责支付的费用，同时数额应保持一定的灵活性，以允许费用和收费的变化。

较好条款：

购买价格。购买价格包含以下费用：【请注明，例如，装运前的包装和搬运费用】。不包含以下卖方向买方单独收取的费用：【请注明，例如，由任何政府机关征收的货物生产、销售、装运、进口或出口税费或其他费用，以及所有运费、交通费以及海运费用】。以货到付款方式（C. O. D.）支付单独收费。

□ 交货时间及装运条款

不恰当条款：

交货。货物在【日期】或之前以 FOB 纽约的方式交货。

分析：决不能单独使用缩略交货术语，包括这里出现的国际贸易术语，除非双方乐意接受习惯做法或行业惯例的默认条款。这些缩写术语未能确定所有装运和交货要求。而且这些术语的意思通常因国家不同而变化，会造成合同语意模糊的可能。为交货和装运条款增加少量简洁但明确的细节以包含你现在的确切境况，这是明智的做法。例如，如果货物由起重机吊起，已越过船舷但未理舱，FOB 术语认为完成交货了吗？FOB 术语含义随着码头习惯的不同而变化。进一步讲，如果买方有优先指定的承运人，不应把交通安排完全交由卖方自由决定。还有，规定延迟交货的影响一直都是明智之举。

较好条款：

交货。在【日期】（“交货日期”）或之前以 FOB 纽约的方式交货并理舱。运到交货地的交通方式由卖方自由决定。如果交货延迟，卖方将立即通知买方预期交货时间及延误理由。假设延误不超过交货日期后【数字】天，延误不构成合同违约。如果延误期变长，买方可选择终止合同。

□ 交货地点及装运条款

不恰当条款：

交货。货物以 FOB 纽约的方式交货并用驳船运到纽约码头的货物枢纽站。

分析：双方使用了不正确的贸易术语来确定交货和遗失风险转移。FOB 术语不反映先运到码头再装到船上这个显而易见的安排。贸易术语 FAS、FOB、CFR 和 CIF 用于货物移交越过船舷后再交付买方的情况。使用不正确的贸易术语会导致无法预料的风险和不必要的意外。在这种情况下，卖方继续承担遗失风险直到货物越过船舷。根据不同阶段由哪一方承担遗失风险来考虑运输中的每一步，这是至关重要的。你应该确保将谁应承担货运风险的意图反映在装运和交货条款中。

较好条款：

交货。货物以 FCA 纽约的方式交货。

□ 保险

不恰当条款：

保险。【买方/卖方】必须为运输中的货物投保【币种和金额】。由保险人提供的保险单副本或其他声明必须在发货前提供给【卖方/买方】。未成功投保是取消合同的理由。每一方负责自行获取货物需要的其他保险。

分析：此条款在双方熟悉可行保险政策的国内交易中是合理的，但对国际交易过于苛刻。除非双方确定指定的保险总额可得，否则一方获取保险的失败不会成为取消合同的理由。

较好条款：

保险。【买方/卖方】负责获取和维持运输途中的货物保险。保险金额必须以货物的发票价值为基础，且【卖方/买方】须被称为赔款接收人。由保险人提供的保险单副本或其他声明必须在发货前提供给【卖方/买方】。如果【买方/卖方】未能获取这种保险，【卖方/买方】有权购买保险并向【买方/卖方】索取保险费用。每一方负责自行获取货物需要的其他保险。

□ 所有权转移时间

不恰当条款：

货物所有权。货物所有权在发货时转给买方。

分析：当所有权转移时，遗失风险也随之转移。因此，这个关键条款应该清楚且明确。不过“发货”这个词有很多意思，可仅指货物离开卖方仓库但仍属卖方所有，另一个理解是卖方将货物移交给陆运承运人，例如铁路或卡车运输公司，或者这个词也可以指当货物置于驳船上时为发货，即使货物先由另一承运人用大车装运。

较好条款：

货物所有权。货物所有权在卖方向买方交付货物时转移给买方。当货物装到船上理舱后视为货物交付。

□ 所有权转移时间：与风险同在

不恰当条款：

货物所有权。卖方一直保留货物所有权直到货物由买方在其营业地点接收。货物遗失风险在买方接受报盘时转移给买方。

分析：下面是一个说明所有权和遗失风险在不同时间转移时所出现问题的极端例子。当买方接受报盘时，货物仍在卖方仓库。后来仓库烧毁，买方遭受损失，虽然买方没有所有权。遗憾的是，因为没有货物所有权，也更难获得保险赔偿。

较好条款：

货物所有权。货物所有权和遗失风险在货物装到船上并理舱后同时转移给买方。

□ 退货

不恰当条款：

退货。第一批货之后，买方有权在【数字】天后将还未售出的所有货物退给卖方，而不在乎买方已作出的合理且勤勉的市场努力。

分析：此条款意图模糊，因为“之后”这个词隐含着时间。从条款的字面意思看，买方有权退货而不管是第一批货还是之后批次中的部分货物。不过，“在第一批货之后”与此解释没什么关联。双方很可能打算在退货政策中排除第一批货。遗憾的是，“之后”的字面意思不包含“排除”。

较好条款：

退货。除了已交付的第一批货外，买方有权在【数字】天后退给卖方任何未出售货物，而不管买方已作出合理且勤勉的市场努力。买方退货的权利不会扩展到任何首次交付部分。

□ 报关

不恰当条款：

报关。卖方负责报关。当完成报关时，卖方会立即通知买方可交货。

分析：此条款未指出卖方是必须负责出口国报关、进口国报关，还是两国的报关。另外，如果并非卖方过错造成货物未报关，不视卖方违约[①]。假设已报关，显然卖方必须存储货物直至买方收到通知，而且能安排交货验收。

较好条款：

报关。卖方负责及时获取、完成并递交在进出口国报关所需的所有票据和费用，以便卖方足以在【日期】前把货物运到买方的营业地点并完成交付。买方会全力配合提供卖方报关所需的票据和信息。如果因买方未能提供票据或信息引起报关延误，造成卖方未能在指定日期交货，卖方不被视作违约。因为买方不准备在交货时接货，卖方有权向买方收取储存或保管货物的所有费用，假设不早于【日期】交货。

□ 验货权

不恰当条款：

验货权。在接收货物之前，买方有权在交货时就地验货。

分析：如果交货时间和地点对买方方便，此条款令人满意。不过，如果买方不能行使，验货权就是无用的。因此，如果以 Ex Works 术语交货（意思是在卖方仓库交货），外国买方就不太可能在接收货物前验货。至少，验货权应赋予买方或其授权代表且买方应拥有完成检验的合理时间。

较好条款：

验货权。在接收货物前，买方有权在货物到达买方的【指定地点，例如，商店】后验货。自货物到达目的地之日起【数字】工作日内，买方必须作出接受或拒绝的决定。买方未验货视为放弃验货权。

---

① 原文是 it could place the seller in breach if the goods cannot be cleared through no fault of the seller（如果并非卖方过错造成货物未报关，会使卖方违约）。联系上下文，应是“如果并非卖方过错造成货物未报关，不视卖方违约”。——译者注

第 9 章 交易双方——第三阶段

在桌子中央，在所有条款清单、谈判记录、几份备忘和许多信件的上面有一份合同。你还没签字，甚至没有从头到尾读一遍。可能你已经看了一眼少数几个条款，尤其是支付条款。合同表明了你的意图吗？包含了全部基本条款吗？包含了所有附加条件吗？而眼前最重要的问题就是：你应该签字吗？

明智的做法是把合同读几遍并记住每次阅读中不同的关注点以确定合同阐明了全部协议条款。你应通过第一次阅读熟悉合同条款构成。在第二次阅读中与谈判过且已达成口头同意的条款做比较。在第三次阅读中考虑合同是否按照自己所在行业和特定业务的惯例明确了预期合同关系的各方面。最后，应确保合同包含对所有国际合同都很普遍的法律和商业问题，而且应考虑合同是否回答了下面所列的几个要点。

买方

虽然通常由卖方或卖方律师起草销售合同，但作为买方，你在签字前最好检查合同并理解每个合同条款的含义。另外，让你的律师就合同条款提出建议是明智之举。为保护自己的利益并与律师合作以给自己带来最大的优势，就要考虑与合同条款有关的以下问题。

□ 合作承诺

合同是为一次性交易订立，还是创立了持续性关系？

合同条款常常不同，取决于双方是否打算建立长期合作关系。基本区别在于有一定的灵活性，允许缔约方随合同关系持续而谈判合同细节。在一次性交易中，合同规定了销售条款且没出现主要问题，所以双方很少重新谈判。但如果双方打算长期合作，他们仍会订立单一交易合同，但一般来说，这个合同会允许双方修改作为履行合同使双方有利可图的必要条款。如若不然，双方会订立协议，规定他们之间随后发生全部交易的要点。这个协议不会处理任何交易的细节问题，但对所有交易都有效，通常允许双方以互相通知的形式就使某个交易生效的必要细节达成一致。你应该考虑合同条款是否规定了以下内容：

合同表明你创建长期合作关系或一次性购买的意图了吗？

合同考虑到在履行变得过于困难或根本不可能时要重新谈判交货必备条款、商品确认条款甚至补偿条款吗？

如果合同规定了多个交易，你规定了随时间变化修改合同条款的合理方式了吗？

合同条款容易被计划表的附录和变动更改，以至于无论何时修改微小细节你都没必要执行放弃条款或书面更改条款吗？

□ 合同授权

卖方或卖方代表有权力或看起来有权力订立合同吗？

一方的合同授权只在你需要强制执行合同或想对合同提出质疑时才变得重要。如果一方没有合同授权但不管怎样也订立了合同，合同被完全执行，所有当事方都很高兴，这样合同授权决不会成为争议点。不过，那是一种理想状态，因此你的明智做法还是要获得另一方合同授权的书面证据。书面证据仅意味着合同应包含涉及合同授权的条款。在检查这个条款时应考虑以下要点：

卖方是个人还是企业实体？

如果卖方是企业实体，卖方代表提供给你其代表卖方的授权证据了吗？

卖方或其代表存在任何令你怀疑卖方授权的迹象了吗？

卖方或其代表看起来超过 21 岁并能完全管理自己的员工吗？

□ 必备条款

合同包含必备条款吗？

如果合同没有规定完成交易的必要条款，在一些地区合同不可执行。在其他地区，法院会默认你在合同中有意或无意订立的条款。因此，要常常检查合同看其是否解决了以下所有问题：

合同包含你意欲购买的所有货物的清楚且明确的种类、质量和数量描述吗？

合同指定价格了吗？给出的是总价还是每计量单位的价格（例如重量、件数等)？

合同指定了交货日期还是指定了确定交货日期的方式呢？

支付条款清楚吗？你能遵守指定的结算方式吗？

指定的货币相对于卖方国家的货币会贬值吗？

你预测到因经济不稳定产生币值波动且导致货币价值大幅变动了吗？

合同指定汇率了吗？

合同考虑到货币贬值时价格的重新谈判或其他改动了吗？

合同默认什么条款？

合同受《联合国国际货物销售合同公约》管制吗？

□ 验货

验货权是什么？

如果你同意无担保购货，应坚持充分的验货权，这意味着你要用可得的时间、人力和设备来进行有意义的检验。即使提供了担保，验货权也很重要。较之将送达时情况不佳的货物退回，行使担保更不方便。要记住以下几点来检查合同中的验货权：

你能行使验货权，或在允许的时间或地点内不能行使此权利吗？

你必须在验货前付款吗？

由于不能亲自验货，你需要安排第三方验货吗？

□ 交货条款

合同的交货条款是什么？

交货条款将决定你什么时候获得货物所有权，什么时候承担货物遗失或损毁风险。这两个转移时间可分离，所以要小心。如果你还没获得货物所有权，就要避免承担货物风险。同样，记住国际运输有延误风险且不灵活的运输条款会导致执行失败。协议应包含以下要点：

合同规定了具体装运日期或提供了确定装运日期的方式吗？

合同明确了什么时候货物所有权和遗失风险由卖方转移给你吗？

货物所有权和遗失风险是在同一时间转移吗？

即使你已付款并承担运输中的遗失风险，卖方仍保留了货物所有权吗？

合同鼓励在一方违约时重新谈判合同条款吗？

遵守政府对进口、出口、许可证、验货等方面的要求时，对延误时间有限期吗？

□ 货物规格

如果你在货物设计、制造、质量或特征上有选择权，合同会让你充分控制这些要素吗？

如果允许你给卖方发送货物规格，你预期将收到符合要求的货物。但遗憾的是，情况并非总是如此。你要考虑合同是否允许变更。如果卖方尽最大努力去满足要求但仍需要比预期更多的时间，你就需要给出宽限期。在第一次订立合同时，你通过考虑到以下问题就能提出处理问题的步骤，从而避免以后发生的意外事件：

允许卖方要求延期以准备装运的货物吗？

在双方无法控制的危机中有允许缓期执行的合同条款吗？

有所装运货物类型或数量变动的限额吗？这些变动会遭到你的限制和拒绝吗？要求卖方通知你这些变动吗？

合同规定货物必须绝对符合规格要求吗？

卖方保证货物符合规格要求吗？

规格中包含销售或使用货物所涉及的所有标签要求、标志要求、包装要求以及本国实施的其他要求吗？

□ 报关

你在报关方面的责任是什么？

如果合同条款明确分配你和卖方之间的责任，报关的复杂性就能简化。为了回答诸多类似问题，你最好能了解特定国家的进出口要求，虽然不管这些问题是否实际存在，你常能写出包含这些问题的一般性条文。检查以下要点，并考虑你是否清楚交易所涉及特定国家的报关程序和要求，以及合同是否包含了所有可能：

你需要支付进出口关税、其他税费和手续费吗？

你需要缴纳港务费或运费吗？

你需要提供报关票据吗？

你需要为货物进口获取任何执照或许可证吗？

□ 运输条款和保险

合同要求你安排货运吗？

交货和运输责任在很大程度上取决于货物种类和所涉及行业。对于小型消费品，卖方大可以安排所有的交货和运输，直到你家门口。在其他情况下，你需要在途中某地接管货物运输。考虑合同是否在以下方面表明了你的意图：

你在哪里接货？

合同明确了是卖方负责货交指定承运人还是你自己负责运输？

你必须为货物投保以防运输中的遗失或损毁风险吗？

卖方为你提供任何承保范围了吗？

你有卖方保险单的副本吗？

你自行投保的成本是多少？

你必须在运输途中储存货物吗？

□ 担保和退货

为货物提供了什么样的担保和服务？

如果卖方为与你做生意与其他人激烈竞争，很可能为此交易提供多种担保和服务的激励措施。如果竞争程度很低，你需要坚持并为你想要的激励措施进行谈判。激励措施会随着交易所涉及行业和国家的惯例不同而变化。例如，如果你购买日用消费品以在本国零售，卖方会为你提供退货政策和担保。如果是非常贵重的、高科技的、一旦安装就难以移动的或是其他很难退回的货物，卖方可能提供维护或修理服务。可寻求的另一个重要激励措施是担保或免受第三方索赔的保护。在检查合同规定的激励措施时要核对以下问题：

你能把担保传给下一个买者吗？

要求卖方替换有缺陷的货物吗？

有退货政策吗？

你受到保护以防止仅因卖方疏忽或不当行为，例如有缺陷的货物设计或制造，产生的损害赔偿了吗？

卖方必须在你接收货物后维修货物吗？

担保或服务责任在交货后会延续，即使合同自交货起不再有效吗？

卖方会保护你不受因货物缺陷或知识产权侵权而产生的第三方索赔吗？

允许你因任何理由退货吗？

有合理的退货限期吗？

退货期适用于所有批次的货物吗？

卖方支付退货运费吗？

□ 转让

合同规定转让条款了吗？

如果将在短期内履行合同，也许转让权就不太重要。不过，很多事情都可在短期内发生，包括破产或无法解决的冲突。转让权应该是相互的，这意味着双方有相同的合同转让权，而且法院通常在合同条款没有明确规定的情况下默认转让权的相互性。最普遍的做法是在另一方同意的前提下允许转让。几乎不会全面禁止所有转让，而且这在很多国家也不能执行。出于这些原因，你应该仔细检查合同中的以下条款：

你可以把所有合同利益转让给另一人吗？

你可以把部分权利或责任委托给另一人吗？

卖方有相同的权利吗？设置事先必须经你同意的要求会限制卖方权利吗？

□ 终止权

什么是合同规定的终止权？

同转让权类似，通常不会行使合同的取消权或终止权，但当一些情况发生时这两个权利就会很重要。不管是国内合同还是国际合同，即使双方没有预测到这个需求，每个销售合同都应规定明确的取消权。在国际合同中，终止条款更重要，因为较之国内合同，双方要处理更多无法控制的因素，包括长距离运输、报关、不同的市场和习惯以及不同的经济和政治力量。如果合同没有明确包含终止权，法院很可能默认双方仅打算基于合理理由终止合同。法院并不支持无理由终止合同，如果打算允许无理由终止，你应确定合同清楚说明此意图。你应仔细检查终止条款中的以下要点：

你有权取消合同吗？卖方有相同的权利吗？

取消合同需给出理由吗？

你通过什么程序执行取消权？

□ 违约的补救方法

你对卖方违约有什么补救方法？

你可能不需要依赖合同规定的补救方法，但总是会有一些卖方违约的可能。控制违约风险和随附成本的最好方式就是规定补救方法。如果未能规定自己认为满意的违约赔偿补救方法，你必须求助于法律规定的不太令你满意的补救方法。考虑以下问题：

合同鼓励用谈判或调解方式解决所有纠纷吗？

合同规定违约金条款了吗？

合同规定仲裁条款了吗？仲裁有约束力还是无约束力？选中了哪个仲裁机构？

合同考虑到任何仲裁或诉讼胜诉方的诉讼费用和成本的判决了吗？

指定的法庭方便你起诉卖方吗？

你能对卖方执行从确定的法庭获得的裁决吗？

你指定解释合同的适用法律了吗？

□ 独立检察官

你有机会咨询独立检察官的建议吗？

合同应说明咨询独立检察官的时机，以避免之后产生的任何有关双方是否理解合同条款并形成共同意图的问题。缺乏共同意图可成为避免执行合同的理由。独立检察官条款可有效地证明双方自愿达成合同并充分理解合同条款的意义和效果。你在起草和检查这个条款时应注意以下问题：

除了授予咨询独立检察官的权利外，此条款规定双方在执行合同前有咨询机会吗？

合同规定顾问必须独立于每一方吗？

合同指出双方有机会按照顾问的独立意见修改合同吗？

卖方

作为卖方，你自己起草或让你的律师起草这份销售合同。如果是你起草的合同，明智的做法是让你的律师检查合同。为了确保你保护了自己的全部利益并与律师合作以获取最大优势，一定要认真考虑以下条款和问题。

□ 合作承诺

合同是为一次性交易订立的，还是创立了持续性关系？

销售合同的条款各不相同，这取决于双方打算达成一次性交易还是建立长期合作关系。基本区别在于允许双方随着合同关系持续而谈判合同细节的灵活性。在一次性交易中，合同条款通常固定而且也无主要问题，所以双方很少重新谈判。打算长期合作的双方仍会订立单一交易合同，但一般来说，这个合同会允许双方修改作为履行合同使双方有利可图的必要条款。如若不然，双方会订立一个协议以规定他们之间随后发生的全部交易的基本要点。这样的协议不处理任何交易细节问题，但对所有交易都有效，通常允许双方互发通知使某个特定交易生效的必要细节达成一致。你应该考虑合同条款是否规定了以下问题：

合同表明你创建长期合作关系或订立一次性交易的意图了吗？

如果合同规定了不止一个交易，你规定了随时间变化修改合同条款的合理方式了吗？

合同条文容易被计划表的附录和变动更改，以至于无论何时修改微小细节你都没必要执行放弃条款或书面更改条款吗？

在一方违约的情况下合同鼓励重新谈判合同条款吗？

在遵守进口、出口、许可证、验货等方面的政府要求时，有延误的宽限期吗？

允许你要求一段延展期来准备装运的货物吗？

在双方不可控制的危机中有允许延期执行合同的条款吗？

允许所装运货物的种类或数量有一定程度的变化吗？

□ 合同授权

买方或买方代表有权力或看起来有权力订立合同吗？

一方的合同授权只在你需要强制执行合同或想对合同提出质疑时才变得重要。如果一方没有合同授权但不管怎样也订立了合同，合同被完全执行，所有当事方都很满意，这样合同授权决不会成为争议点。不过，那是一种理想状态，因此你的明智做法是获得另一方合同授权的书面证据。书面证据仅意味着合同应包含涉及合同授权的条款。你在检查这个条款时应考虑以下要点：

买方是个人还是企业实体？

如果买方是企业实体，买方代表向你提供代表买方的授权证据了吗？

买方或其代表令你产生任何怀疑买方授权的理由了吗？

买方或其代表看起来超过 21 岁并能充分管理自己的员工吗？

□ 必备条款

合同包含必备条款了吗？

如果合同没有规定完成交易的必要条款，合同将不能在一些地区执行。在其他地区，法院会默认合同中有你有意或无意订立的条款。因此，要常常检查合同以看其是否解决了以下所有问题：

合同清楚且明确描述了你意欲销售的所有货物的种类、质量和数量吗？

合同指定价格了吗？给出的是总价还是每计量单位的价格呢（例如重量、件数等）？

合同是否明确规定了与价格分开征收的其他费用，例如税费和关税？

如果无法控制的情况导致生产成本增加到难以承受的程度，合同允许你要求调整价格吗？

合同指定了交货日期还是指定了确定交货日期的方式？

支付条款清楚吗？支付方式会尽可能安全吗？

会在发货前付款吗？如果不会，你怎样证实付款在货交买方前完成？

指定的货币相对于买方国家的货币会升值吗？

你预测到因经济不稳定产生汇率波动且导致货币价值大幅变动了吗？

合同指定汇率了吗？

合同受《联合国国际货物销售合同公约》管制吗？

□ 交货条款

合同的交货条款是什么？

你应该密切关注销售合同中的交货条款。作为卖方，你负责把货物寄送或移交给买方。你要为货物的遗失或损害负责，直到完成交货。为了保证及时履行合同，你应确保生产、包装和运输安排均可在交货截止日期内完成。记住国际运输中涉及的额外因素可使交货过程变慢，所以要相应规定额外时间。从以下方面考虑交货条款：

合同规定了具体装运日期或确定装运日期的方式了吗？

交货日期充分考虑到国际运输和报关中的内在延误了吗？

你对不同运输方式使用了合适的交货条款吗？

你需要提供多式联运吗？

哪里是交货目的地？

合同明确规定了什么时候货物所有权和遗失风险由你转移给买方吗？

货物所有权和遗失风险是在同一时间转移吗？

你在证实付款前转移了货物所有权吗？

□ 报关

你在报关方面的责任是什么？

如果合同条款明确分配你和买方之间的责任，报关的复杂性就能简化。为了回答诸多类似问题，你最好能了解特定国家的进出口要求，虽然不管这些问题是否实际存在，你常能写出包含这些问题的一般性条文。检查以下要点，并考虑你是否清楚交易所涉及特定国家的报关程序和要求，以及合同是否包含所有可能：

你需要支付进出口关税、其他税费和手续费吗？

你需要缴纳港务费或运费吗？

你需要提供报关票据吗？

你需要为货物进口获取任何执照或许可证吗？

□ 货物规格

买方提供给你货物规格了吗？

如果允许买方发送货物规格，你就要遵守规格要求。为了确保你有能力遵守，合同应规定按照你所定义的参数制定货物规格，也应考虑到在你作出了最大努力也无法遵守时的合理替代品。在第一次订立合同时，你通过考虑到以下问题就能提出处理问题的步骤，从而避免以后发生的意外事件：

你要担保货物符合规格要求吗？

规格包含销售或使用货物所涉及的所有标签要求、标志要求、包装要求以及本国实施的其他要求吗？

你能在充足的时间内满足规格要求以确保货物准时交付吗？

□ 运输和保险条款

合同要求你在货物运输中做什么安排？

交货和运输责任在很大程度上取决于货物种类和所涉及行业。对于小型消费品，你大可以安排所有的交货和运输，直到买方家门口。在其他情况下，买方需要在途中某地接管货物运输。考虑合同是否表明了你在以下方面的意图：

买方提供了运输途中的任何保险吗？

你有买方保险单的副本吗？

你自行投保的成本是多少？

你必须在运输途中储存货物吗？

□ 担保和服务条款

你为货物提供了什么样的担保和服务呢？

为甩开竞争者而赢得生意，你可以考虑为买方提供多种担保激励措施。激励措施会随着交易所涉及行业和国家的惯例不同而变化。例如，如果销售日用消费品，你可能提供退货政策和担保。如果是非常贵重的、高科技的、一旦安装就难以移动的或是其他很难退回的货物，你可能提供维护或修理服务。另一个重要激励措施是担保或免受第三方索赔的保护。你在检查合同规定的激励措施时要核对以下问题：

你是按“依照原样”条件销售货物，以至于没有延期的明示担保或默认担保吗？

你将担保只限于买方，还是允许将担保传递给下一个买者呢？

你将担保只限于买方未改过的货物吗？

你在货交买方后还负责维修货物吗？

你赋予买方退货权了吗？

权利受特定原因限制吗？

买方承担退货费用吗？

□ 知识产权

你保护自己的知识产权了吗？

不管是商标、服务标志、商号、品牌名称、专利、设计还是其他，知识产权的价值决不应被低估。侵犯知识产权的人知道这些权利的价值，因为他们的销售额建立在你的好声誉和好名望基础之上。在与国外贸易商做生意时，未保护好知识产权就会遭到侵权并使这种权利减弱。因此，合同应涉及以下问题：

禁止买方更改与货物有关的标签、包装、手册、说明指南及其他材料吗？

即使你没直接卖给消费大众产品，广告也反映出你的声望和名誉，你制定了规则和政策以控制广告内容吗？

合同要求买方在所有广告、市场促销等方面承认你的专有权吗？

你涉及了公司名称和商业机密吗？

□ 转让

合同规定转让条款了吗？

如果将在短期内履行合同，也许转让权就不太重要。不过，很多事情都可在短期内发生，包括破产或无法解决的冲突。转让权应该是相互的，这意味着双方有相同的合同转让权，而且法院通常在合同条款没有明确规定的情况下默认转让权的相互性。最普遍的做法是在另一方同意的前提下允许转让。几乎不会全面禁止所有转让，而且这在很多国家也不能执行。出于这些原因，你应该仔细检查合同中的以下条款：

你可以把所有合同利益转让给另一人吗？

你可以把部分权利或责任委托给另一人吗？

买方有相同的权利吗？设置事先必须经你同意的要求会限制买方权利吗？

□ 终止权

什么是合同规定的终止权？

同转让权类似，通常不会行使合同的取消权或终止权，但合同执行出现某些情况时这两个权利就会很重要。不管是国内合同还是国际合同，即使双方没有预测到这个需求，在每个销售合同中都应规定明确的取消权。在国际合同中，终止条款更重要，因为较之国内合同，双方要处理更多无法控制的因素，包括长距离运输、报关、不同的市场和习惯以及不同的经济和政治力量。如果合同没有明确包含终止权，法院很可能默认双方仅打算基于合理理由终止合同，法院并不支持无理由终止合同。如果打算允许无理由终止，你应确定合同清楚说明此意图。你应仔细检查终止条款中的以下要点：

你有权取消合同吗？买方有相同的权利吗？

取消合同需要给出理由吗？

你通过什么程序执行取消权？

□ 违约的补救方法

你对买方违约有什么补救方法？

你可能不需要依赖合同规定的补救方法，但总是会有一些买方违约的可能。控制违约风险和随附成本的最好方式就是规定补救方法。如果未能规定自己认为满意的违约赔偿补救方法，你就必须求助于法律规定的不太令你满意的补救方法。考虑以下问题：

合同鼓励用谈判或调解方式解决所有纠纷吗？

合同规定违约金条款了吗？

合同规定仲裁条款了吗？仲裁有约束力还是无约束力？选中了哪个仲裁机构？

合同考虑到任何仲裁或诉讼胜诉方的诉讼费用和成本的判决了吗？

指定的法庭方便你起诉买方吗？

你能对买方执行从确定的法庭获得的裁决吗？

你指定解释合同的适用法律了吗？

□ 独立检察官

你有机会咨询独立检察官的建议吗？

合同应说明咨询独立检察官的时机，以避免以后产生的任何有关双方是否理解合同条款并形成共同意图的问题。缺乏共同意图可成为避免执行合同的理由。独立检察官条款可有效地证明双方自愿达成合同并充分理解合同条款的意义和效果。你在起草和检查这个条款时应注意以下问题：

除了授予咨询独立检察官的权利外，此条款规定双方在执行合同前有咨询机会了吗？

合同规定检察官必须独立于每一方吗？

合同指出双方有机会按照顾问的独立意见修改合同吗？

买方律师

只要订立了货物销售合同——不管是你起草的、卖方准备的还是由你们共同努力而产生的——你都应该让自己最信任的国际律师检查。律师能够指出合同的优势和劣势，并能提出一些你在签字前应重新谈判的条款。你不应与卖方咨询同一个律师，因为卖方实际上是与你有利益冲突的对立方。为了确保你尽可能地理解自己在合同中的法律权利和责任，一定要向你的律师询问以下问题。

□ 无效或可撤销条款

对双方选择法院或解释合同适用法律的权利有禁令吗？

合同可能会支持双方意欲仲裁的意图吗？

合同允许违约金条款吗？

如果确定一个合同条款无效，会导致整个合同无效吗？

□ 合同手续

卖方订立合同的授权需要什么证据？

除签字和注明合同日期外，合同生效还需其他手续吗？应该公证吗？需要有现场证人吗？

□ 付款和交货条款

如果付款方式不可行会产生什么问题？

什么是《联合国国际货物销售合同公约》？适用于合同吗？如果适用，会怎样影响合同？你能限制其用途吗？

除了卖方提供的保险之外，你还应获得其他保险吗？

如果出现发货延误，你要承担仓库租金和劳动力费用，你有针对卖方采取的救济方法吗？

交货条款与交通模式和目的地相匹配吗？

□ 进出口条款

为了遵守合同你需要获得哪些执照或许可证？

报关的要求是什么？

货物进口要求什么票据？

要求验货吗？在哪里验货？

本国为销售或使用货物规定了哪些标签要求、包装要求以及其他要求？

□ 担保和补救方法

货物销售合同通常隐含什么担保呢？你应该向卖方要求其他担保吗？

卖方违约的救济方法效力有多大？

你能利用合同规定的救济方法吗？

每个救济方法在程序、成本和时间方面都包括什么？

多种救济方法的优点和缺点是什么？

除了合同规定的救济方法外，还有其他可行的救济方法吗？是不是只限于使用合同规定的救济方法？

合同指定的适用法律对你有利吗？

卖方律师

在你与买方签订货物销售合同之前，确保合同已经让自己最信任的国际律师检查过了。律师能够指出合同的优势和劣势，并且能提出一些你在签字之前要重新协商的条款。你不应该与买方咨询同一个律师，因为买方实际上是与你有利益冲突的对立方。为了确保你已经尽可能地理解了自己在合同规定下的法律权利和责任，一定要向你的律师询问以下问题。

□ 无效或可撤销条款

对双方选择法院或解释合同适用法律的权利有禁令吗？

合同可能会支持双方意欲仲裁的意图吗？

合同允许设立违约金条款吗？

如果确定一个合同条款无效，会导致整个合同无效吗？

□ 合同手续

买方订立合同的授权需要什么证据？

除了签字和注明合同日期外，合同生效还需要其他手续吗？应该公证吗？需要有现场证人吗？

□ 付款和交货条款

付款方式的安全程度如何？

《联合国国际货物销售合同公约》适用吗？如果适用，会怎样影响合同呢？你能限制其用途吗？

除了买方提供的保险之外，你还应获得其他保险吗？

如果买方安排交货出现延误，你能获得储存费、人力成本和其他类似收费的补偿吗？

交货条款与交通模式和目的地相匹配吗？

□ 进出口条款

你需要获得哪些执照或许可证以遵守合同？

报关的要求是什么？

货物出口要求什么票据？

要求验货吗？在哪里验货？

□ 担保和补救方法

你必须提供担保吗？合同通常默认什么担保？

买方违约的救济方法效力有多大？

你能利用合同规定的救济方法吗？

每种救济方法在程序、成本和时间方面都包括什么具体内容？

多种救济方法的优点和缺点是什么？

除了合同规定的救济方法外，还有其他可行的救济方法吗？是不是只限于使用合同中规定的救济方法？

合同指定的适用法律对你有利吗？

第 10 章 合同在当地的有效性

文化和习俗

在贸易期刊上看到一则广告后，你给外商寄去一份仅五页长的简明扼要的货物销售要约。你原本以为外商会欣然接受这个与你做生意的机会，但两天后你还没有收到答复。因为没有回应，你继续忙自己的事并忘了这个外商。六个月后，外商寄来短信询问你是否仍然对此交易感兴趣。你立即寄去确认接受报盘的通知，但这个外商却放弃了，于是你准备提起违约诉讼。你已经在商务礼仪中犯了这么多错误，以至于根本没有机会胜诉。

如果打算在国外订立合同，你必须理解那些国家的文化规范和商务惯例。狂妄自大不会带来客户。不管是在亚洲、欧洲、非洲、拉丁美洲、北美洲还是太平洋沿岸寻找贸易伙伴，你都必须认识到形成长期合作关系，也可能是所有关系的关键在于尊重对方。初次接触中的礼貌、通过一段时间开发的业务关系以及讨价还价过程中的乐趣，都是快节奏生活中不可思议的概念。但在很多地方，如果你想在那里成功做生意，这些都是必须要了解的观念。详细的合同在一些国家至关重要，而在另一些国家则不然。如果你在与合作伙伴初步接触之前就做好该做的准备，几乎就不会出现社交过失。

□ 合同

在你寄出书面询盘或书面合同之前应首先了解收件人。研究这个国家的一般商务惯例，并确定合同是人际关系的基础还是人际关系是合同的基础。如果你不确定是否要寄出一份正式合同，那就寄去一个说明本企业背景情况及请求对方给予相关信息的简短询盘。这是一种说明情况并请求回复的礼貌方式。

在很多国家，书面合同相对人际关系而言并不重要。因此，详细询盘或合同的传送可能会被忽视，因为你忽略了要先建立人际关系。在这些国家重要的是你对业务伙伴的个人承诺。你、你的儿子和你儿子的儿子都会按照代代相传的习惯经营企业。通过人际关系，你创建了自己的合同责任。

在人际关系比合同更重要的社会中，双方常常按照合同精神合作。一个反映双方松散承诺的合同通常由简明的原则声明组成。合同细节随着人际关系的发展而被逐渐制定出来，而且细节修改也非常普遍。许多交易会因单一合同失败，因为其中规定的是人际关系而不是具体交易。由于人际关系这么重要，所以合同转让就不太可能了。

在合同十分重要的其他国家，双方倾向于坚持合同书面规定。合同是人际关系的基础，没有合同也就没有人际关系。合同必须包含交易的每一方面，而不计较合同的长度。如果关系需要做任何变动，双方会做修订原始合同的书面记录。在大多数情况下，单一合同包含单一交易，而不可预期必须由双方定期续展以保持有效持续性人际关系。

□ 发展步调

人际关系需要花很长时间来发展，因此如果你想与重视人际关系的贸易商做生意就必须有耐心。业务交易不必在今天、明天或甚至下周完成。外商可能会考虑长期人际关系，甚至可能是从现在起的十年或二十年。以这种远见来看，外商能够将成功建立的企业传给他的孩子。这种传统观点目前在很多国家仍然很流行。如果过于进取，你可能会继续做一次性交易，因为贸易商不想不顾死活地跟你合作。

相反地，很多国家进行商业交易都很快。时间极其重要这一点不仅体现在合同里，还体现在谈判桌上。要注意对方说明你应该加快谈判进度的信号，例如，外商正在看表吗？正在踢鞋尖吗？有点儿不耐烦了吗？所以你应该先处理眼前的事情。

□ 议价

作为做生意中至关重要的部分，为最有利的条件谈判也是人性的一部分。如果你不知道怎样讨价还价，就需要多多学习。国际交易几乎不会以最初提出的报价为基础达成，没有人会马上接受询盘。如果你在别人没有请求时就表示接受报盘，外商可能会反感你的强硬态度。所以你必须了解询盘和报盘之间的区别。

尽管听起来很简单，但由于不同文化间的变化，实际上在全球层面上的谈判比较复杂。一些国家的谈判过程很紧张。要记录谈判问题并就此进行详细充分的讨论，直至最后协议达成。而其他贸易商会安静地坐着，注视你，仅用点头或"嗯哼"来强调你的意见。谈判策略包括使用竞争者报价、离开桌子以及拖延谈判直到你刚好必须离开。假设你已做好相关调查工作，就应该能够将许多策略转为自己所用。

成功谈判策略中的一步就是充分准备，另一步就是要意识到，即使对方不比你们准备得充分，也和你们准备得差不多。第一，你需要采用对方的文化风格并学习这个外商的肢体语言。第二，你必须彻底了解自己的问题。什么是你的底线？你最期望的结果是什么？你愿意在哪里折中？将激励措施留作战略间歇使用。第三，你需要锻炼自己的说服力和超凡人格魅力。例如，守时和真诚很重要；一点小幽默能打破沉默也能制造僵局；真诚的恭维在一些文化中很受用，而肤浅圆滑的处理方式会让你的努力白费。

□ 社交网络

在很多文化中，交易是与你认识的人达成的。从某种意义上说，文化的这一方面与合同中人际关系的重要性有关。不过，你也会发现社交网络在合同更重要的国家才起作用。利用社交网络来扩展业务十分重要。你应该竭尽全力找出愿意把你纳入他们业务伙伴圈子的联系人。即使你在某个人际关系的早期出过错，但是如果你熟悉一个人，此人又和前贸易商相熟的另一个人认识，就要通过这种渠道尽快让人际关系回到正轨。

合同纠纷的解决

事实上，订立合同的双方是撇开他们相左的利益，并为其共同利益而达成交易的。如果减少或消除任何一方或双方的利益，纠纷就不可避免。虽然大多数合同都在双方完全同意或最多有一点意见不一致的情况下订立，但是有必要为纠纷解决提前计划，因为双方陷入分歧后不太可能会在这个问题上达成一致。

在国际合同中，所选中的纠纷解决方式取决于什么是交易发生国的国民最熟悉和偏爱的。另外，双方必须考虑跨国合同执行中所涉及的成本、获取特定类型救济方法的内在延误，以及有效机制已发展为纠纷解决有效手段的程度。美国人会很快求助于法庭诉讼，而中国和日本的国民很不情愿这样做。很多国家青睐有约束力的仲裁，而其他国家更偏好使用非正规的谈判和调解。你必须清楚这些选择以及它们在你交易所在国的有效性。

□ 沟通、放弃、修改和重新谈判

你与外国贸易伙伴之间的沟通对保持顺畅的人际关系至关重要。对于一些微小矛盾甚至重大灾难，如果你本着理解态度和解决问题的观点来处理问题以使每个人都满意，你的业务关系以及名誉都会从中受益。要记住一个有用的规则：与外国商业伙伴创建的是工作上的人际关系而不是敌对关系。

从成本和时间方面来讲，解决纠纷最有效的方式是谈判，其次是对合同条款弃权和修改的书面确认书。一般说来，谈判是一个非正式的自由过程，只遵守由双方约定的限制，而且谈判的成功取决于双方参与交易并处理不同意见的期望。

如果双方不能通过非正规程序沟通，使谈判有利的特点——组织限制、正式手续以及中立援助——也能导致谈判失败。尽管采用非正规方式解决纠纷，但如果纠纷持续，你就应该采取措施保护自己的权利。最迫切的关注问题可能是快速回收，或者找到一个能立即发货的替代供应商以便将你的承诺赋予第三方。

完成合同的十个小要点

1. 避免以明显怀疑的态度对待对方；对于看起来违约的情况，不要想当然地认为完全是对方的错。

2. 不要轻率地威胁说有可怕的后果和处罚；你应该解决矛盾而不是增加矛盾。

3. 试着把当地企业文化合并到自己的企业风格中并尊重对方的风俗习惯。

4. 放慢步伐并允许新想法产生。不要总是唠叨，给对方一个机会来仔细思考你说过的话。

5. 每次完成一部分。不要期望全部问题都在第一次会面时解决，这可能需要几次会面。考虑到解决纠纷所需的时间，你需要采取一些权宜措施。

6. 不要被困在一个问题上。在合作时把注意力转移到另一个更容易解决的问题上才会更舒服，然后再共同攻克这个棘手问题。

7. 愿意接受和解，假设你认为遵守合同的利益会在长期回报于你。

8. 提供给对方一种不使你尴尬而且也不用你负责的方式来“挽回面子”。

9. 不要过于情绪化或过于激动。

10. 在每次会面之前创建一个你想达成结果的积极前景。

调解

调解实际上就是在客观的第三方帮助下进行的谈判。双方仍是此过程中的决策制定者，调停者协助保持沟通渠道畅通、在确定和解决每个问题的过程中分别指导各方并准备最终的协议。虽然多年以来调解已成为解决非商业纠纷的普遍方式，但是现在也越来越多地用于解决商业纠纷和国际纠纷。

□ 优势和劣势

调解的焦点在于双方的未来关系。调解过程有意让双方修复并建立有希望继续获得共同利益的更持久的人际关系。通常，调解导致双方和解，而且他们都是赢家。

这个过程不正式、相对容易且快捷，而且与仲裁或庭审相比花费更少。调解也没有约束力，而且是自愿性的，因此双方不太关注争夺权利反而更关注保护利益。调解的另一个优点是保密性，在此过程中泄露的信息以及所达成的任何协议都不会成为公开记录。

□ 程序

双方通常选择调解者或诉讼之前由法庭向当事人提出调解。调停者会单独会见各方，确定并阐明纠纷问题，然后召开联合会议帮助双方达成协议。会面有助于增进双方间的沟通，有助于引导双方找到各自的解决方法。调停者会制定解决方法并把它们推荐给各方，但是不会将调解方案强加给双方。如果未达成协议，调停者也不会偏向任何一方做决议。更确切地说，调解只是没有成功。

仲裁

商业交易双方可在合同中规定，关于合同解释或合同执行中的任何纠纷都通过仲裁解决。仲裁是在客观的第三方在场的情况下进行的一场裁定，第三方根据纠纷双方的对立陈述作出决策。仲裁因其正式和果断在商业圈里相当受欢迎。

□ 仲裁的优势

仲裁因以下几个原因而吸引人：第一，与庭审相比，仲裁花费更少且速度更快。第二，当事人常比选择决策者有更多控制权，因为通常双方可选择仲裁者，但对审理案件的指定法官却没有支配力。第三，许多管理程序和证据认可规则在仲裁过程中较宽松，至少与庭审环境相比是这样。

□ 仲裁的劣势

在国际环境下使用仲裁要谨慎。在很多国家没有仲裁或仲裁才刚刚发展。而且，虽然仲裁比庭审的对抗性小，但是很多国家即使不厌恶也会以怀疑的态度审视仲裁。仲裁请求会被视为对外国对手的个人羞辱而不是解决纠纷的方式，可以毁掉私下谈判和解的可能性。

与庭审相比，相对较低的仲裁成本并不意味着仲裁的费用便宜。你仍然需要获得法律建议并进行陈述、搜集证据、支付仲裁者的费用和仲裁费用、支付证人费用，而且如果你不是仲裁裁决受益人，还要支付仲裁决议裁定的赔偿额。

仲裁过程常常聚焦于案件事实和双方权利，而不是他们的未来需求和目标。仲裁会解决过去的矛盾，但通常不会建立持续性的人际关系。对抗性过程中的内在事实是，仲裁决议会导致一方成为赢家而另一方成为输家。这个结果常常使双方的未来交易前景不明。

或许，仲裁最好用来解决那些不能由非正规手段解决的纠纷。双方能够避免审判费用，同时也能获得第三方决策者的中立立场。

仲裁建议要点☞

如果坚持以下建议，仲裁就是一种有效救济方法。

1. 选择一套公认的规则管理仲裁过程。

2. 指定这样一个仲裁者：熟悉仲裁过程、熟悉纠纷事件、在你的特定行业有技术专长、十分熟悉合同的适用法律并且能积极管理此过程。

3. 雇用熟悉仲裁过程和国际贸易惯例的法律顾问。

4. 在听证会之前和期间都要坚持仲裁者规定的时间限制。

5. 把程序或证据决策方面的请求限制于那些真正需要的问题上。

6. 齐心协力制作可得的书面证据以及证明。

7. 避免情绪化言辞，并将注意力集中于纠纷问题。

8. 提交有条理且有说服力的论据（不管是通过法律顾问还是自己提交）。

9. 仔细听对方的陈述并保证自己的陈述切中要点，切不要过于夸大自己的事实情况。

□ 程序

仲裁过程由法律、法规以及所选仲裁法庭指定的规章制度控制。因此，仲裁程序会随着双方所选法庭的不同而变化。在跨境交易中，双方通常指定产生的纠纷由国际公认的仲裁组织解决。这些组织包括美国仲裁协会（AAA）、巴黎国际商会（ICC）、伦敦仲裁院、日本商事仲裁协会、联合国国际贸易法委员会（UNCITRAL）、联合国欧洲经济委员会、联合国亚太经济社会委员会（ACAPE）以及美洲商事仲裁委员会。

仲裁过程有些像庭审。一般情况下，双方选择仲裁者或请求仲裁庭给本案指派仲裁者。在一些仲裁中，指派的仲裁小组通常由三人组成。仲裁者控制着仲裁进程，甚至有权力传唤目击证人（发布命令要求证人出现在仲裁过程中）。留给当事人较短的期限来寻找和准备证据。在仲裁听证会中，各方都有机会来陈述个人情况。仲裁者会决定程序性、证据性以及实质性问题，决定索赔并作出仲裁决议。仲裁者的仲裁决议包括损害赔偿、仲裁过程费用和律师费用。此决议可由法庭强制执行。

诉讼

即使是在最好的情况下，诉讼也是耗时耗财的，即使最后的解决方式对你有利，也不能处理受到关注的基本问题：收回欠款或合同条款的实际履行。事实上，在外国法庭进行诉讼一般不会得到有利结果——即使花了大量的时间和金钱。很多国家的法庭都偏向本国国民，几乎没有外国人能在法庭上获得满意的结果，如果有的话也很少。总而言之，最好的办法就是避免诉讼。如果你确实卷入到一场国外的法律官司中，那么尽快找到当地最好的律师吧。

□ 优势和劣势

诉讼案件的判决在很多司法管辖区内会被确立为法庭判例。涉及国际交易的案例判决甚至更有说服力或得到国际公认。如果你想确立法庭判例，那就应该起诉。

在很多国家中，法院系统高度发达且有效，甚至比其他可选的纠纷解决方式更有效。你可能刚刚经历一场快速且公平的审判。作为获胜方，法庭甚至判定你获得诉讼费用及律师费用的赔偿，而且你会发现由法庭官员严格管理的执行相当容易。

你向所选辖区和法院提交诉讼案件时会遇到第一个不利情况。你必须找到一个同意对你和另一方行使权力的法庭。假设你得到了一个审判结果，你接下来就会发现执行判决、回收欠款或迫使对方归还你的财产的难度有多大。如果对方在你收到判决的司法辖区内没有财产，你就有了艰巨任务，即必须到对方有财产的国家寻求当地法院或当局对判决的认可。

□ 程序

国与国之间的法庭程序不同，在一国内州与州之间以及自治区与自治区之间的法律程序也不同。但它们共有的主要特点是复杂性。一般说来，诉讼始于提交大量文件，并通过一个叫“送达”的程序把其中很多文件同时提供给原告。接下来就是双方提出回应、反诉以及再回应等漫长的反复的讨价还价。

一些法庭会同当事人一同召开审前研讨会和听证会来处理当事人的请求、所发现的问题以及潜在的解决办法等。发现问题好像是一个长期的捉迷藏过程，双方必须到法院获得对手的合作。当尘埃落定时，双方会在一个充满程序和证据要求的管制体系中，把他们的论据提交给法官、评审小组或陪审团。他们的命运取决于决策者对事实、法律、先前判例，甚至是对当事人和证人举止的解释。当然，通常可以上诉，而且如果当事人足够努力，他们可以花很多时间通过多级法院继续上诉。

第 11 章

合同的国际法律基础

在与外商订立合同之前，你应该熟悉影响那个国家合同订立的法律体系和法律。你也应理解本国与他国法律体系的不同。这个认识同调查供应商的背景一样重要，原因有二：其一，两国法律将共同决定合同关系的某些方面；其二，一国（不一定是你本国）法律可能较他国法律对你更有利。

世界各地的法律体系

世界上有四种主要的法律体系对商法进行了规定：习惯法体系、民法体系、伊斯兰教（沙里亚）体系和共产主义（社会主义）体系。很多国家都采用这些法律体系的综合形式，并且也受到过去境内存在过的各种文化的影响。例如，日本在发展现代法律体系时依靠德国法律体系，因此遵循民法体系，虽然其商法中显出美国影响。马来西亚法律体系是习惯法、伊斯兰教法和马来规则的综合。埃及采用的民法体系结合了伊斯兰教义和法国民法以及一些反映英国残留影响的习惯法法规。在亚洲、非洲和南美洲，每个国家的法律体系通常都以其前殖民国家的法律体系为基础——巴西使用反映葡萄牙历史的民法，而新加坡由于英国文化影响使用习惯法体系。

习惯法体系

在英国正式采用成文法之前，习惯法体系就在英国作为法院体系得以应用。到成文法拟定好时，法院制度已根深蒂固并已构成强大的法律主体，习惯法已经建立了。于是成文法用于对法院使用的习惯法进行确认、整理、限制和补充。因此，习惯法的显著特点是依赖早期案件中法官建立的判例。换句话说，习惯法体系国家的法院通过遵循早期判决中形成的规则或从老规则中推测出用于新产生的实际情况的新规则，来应用和解释成文法。

在商务交易中使用习惯法的国家和地区包括英国、美国、加拿大、澳大利亚、新加坡、中国香港、以色列、印度、埃及、马来西亚和南非。在这些国家和地区中，庭审中通常只有一个法官出席，但双方可要求陪审团出席。为确保审判公平，发展出了复杂的庭审规则和程序并允许上诉。

□ 仲裁

一般来说，仲裁体系发展完善且十分有效，可作为减少法庭中诉讼延误的一种方式。要求双方用仲裁方式解决纠纷的合同得到支持。

□ 合同

货物销售合同一般由类似于《联合国国际货物销售合同公约》的统一法律管理。双方可自由达成任何想要的合同条款，假设这些条款既不违反公共利益，也不要求当事人从事违法行为。如果遗漏某些合同条款，将使用两国的法律或双方行业的商业惯例来默认当事人的合理权利和责任。损害赔偿通常由“交易失益”规则衡量。此规则允许一方根据其能证明的在另一方未违约情况下可获得的利益来提出一定数额的损害赔偿。在大多数司法管辖区，一方也会被判给因违约所致损失的损害赔偿，这称为间接损害赔偿。

当地法律的影响☞

大部分国家赋予双方高度自由来订立合同，包括适用法律的选择。不过，当地法律将限制你的选择，并在合同未规定权利和责任时使用默认合同条款来补充合同。从最初谈判到整个合同的执行，这些法律都会影响你的选择。例如，你需要知道以下细节。

哪些合同条款由法律控制，哪些合同条款留作谈判——如果你就一个已由法律确定的要点谈判，就是浪费时间和谈判优势，而且只有经法律允许的已商定条款才可执行。

你所想到的协议是否有效——如果无效就不可执行。

哪个法律更有利于你的立场——你的法律选择应该是明智的。

法律将在合同条款之外的何种程度上保护你的利益——如果法律不充分或对此无效力，你应坚持保护性合同条款。

另一方的不当行为或疏忽会使你承担什么样的责任——民事诉讼、政府罚款或其他处罚——以便你能对保护性条款进行谈判，例如免责条款、授权证明、质量控制证明或服从证明。

执行合同以及索回违约损失的有效程序是什么？这些程序在何种程度上是有效救济方法？

如果你不执行合同，将承担什么样的责任？

因此，在合同谈判之前，你应该意识到当地法律如何影响合同订立。否则，当你发现条款的履行以及强制执行并非如你预期时，你会大吃一惊。

想获得特定国家的法律的概览，你可以查阅《世界商法摘要》（Digest of Commercial Laws of the World，Oceana Publications）或《国际法摘要》（International Law Digest，Martindale-Hubbell）。这些资料可在大多数大型公共图书馆和法律图书馆的阅览室中找到。

民法体系

大部分不使用习惯法的国家采用民法体系。民法的特点是综合性以及对法律条文的系统汇编，被称为管理着人类举止大部分方面的法典。这些国家首先发展出本国的法典，然后才有了法院制度。因此，司法裁决以法典中规定的法律准则为基础。

除了刑事案件以外，民法体系不使用陪审团，法庭一般由法官小组构成。与习惯法体系相比，民法体系中几乎没有明确定义的证据规则，而且法庭中只允许出现最低限度的口头证词或论据。大部分证据和论据都必须以书面形式提交给法院。

一般来说，法律判决以对法典法律的一次性解释为基础进行，而不参考先前判例，即使一些国家的先前案件裁决在判决中多次出现之后会成为公认判决。

因此，与采用习惯法的法院相比，更难对民法法院中任何特定诉讼案件的判决结果进行预测。

□ 仲裁

很多民法体系国家都有认可仲裁裁决的程序，其中很多国家也有高效的仲裁体制，虽然经常对可由仲裁裁决的纠纷类型加以限制。总体来说，商务纠纷能用仲裁解决。

□ 合同

通常不需要书面形式的商务合同（商人之间）。在货物销售交易中，合同条款通常由一国的民法规定，即使法律允许双方可明确同意不同的条款。商务合同中通常隐含着诚信和公平交易，但由于很多国家的民事法庭接受书面证据而不接受口头证词，口头合同的实际执行很难。谈判是处理纠纷或对合同条款进行轻微修改的首选方式。

在许多民法法典中，并不存在计算违约损害赔偿的规则。很多使用民法体系的国家始终没有明确规定这一标准。不过，这些国家的法院常常比实行习惯法体系的法院更愿意判决合同的实际履行。此判决要求一方执行法庭强制的特定行为，例如归还财产或汇付货款。很多民法法院体系中都有完善的执法和监督机制，以使执法和监督更加有效。

伊斯兰教法体系（沙里亚）

在刑事事件、家庭事件以及人身伤害事件中，穆斯林或伊斯兰国家采用最初来源于《古兰经》和《逊奈》(Sunna) 的伊斯兰教法。穆斯林相信《古兰经》里包含了真主对先知穆罕默德的启示，而《逊奈》中记录着先知后来的学说和行为。这些圣书不包含详细的法规，但却包含伊斯兰教的原则和戒律。穆斯林没有修改这些法律，因为他们相信虽然真主的直接启示在先知之后终止，但真主的神谕不可改变。

除了一些例外情况，多数伊斯兰国家不再坚持沙里亚法律的严格传统形式。今天，伊斯兰教法律的应用常常限于婚姻家庭法与财产继承法。这些法律甚至已被编成法典，但是除了现存法律法规未能包含的某特殊情况外，很少还会参阅传统原著。为了适应现代社会和国际商务惯例的变化，大多数伊斯兰国家都在欧洲法律模式尤其是法国或拿破仑法典基础上采用修正的法典。商务法庭或行政法庭的独立部门通常根据民法理念处理商业纠纷。案件判决以法律为基础，而且判例对后来案件的判决无约束力。

□ 仲裁

很多伊斯兰国家的私人商业纠纷可以通过仲裁解决。仲裁协议和裁决必须经执行地所在国的法院批准。

□ 合同

假设合同条款没有修改任何沙里亚法律的标准法律戒律和宗教传统习俗，双方就可以自由签订合同。虽然口头合同可由证人证明，但出于执行合同的目的，通常还会要求一些书面合同证据。任何不使用沙里亚法律作为适用法律的条款都不会被认可。涉及利息的交易可能会被视为高利贷交易，因此被禁止。法庭只判决实际损害赔偿，失去利润和机会的提法被认为具有较大的投机性。很多合同条款受到限制或不可执行，包括对方违约时重新获得货物、卖方保留货物所有权、救济方法、免责声明以及有限责任制。担保通常按沙里亚法律的戒律进行。

共产主义法律体系

共产主义法律体系应用于中华人民共和国、古巴、朝鲜民主主义人民共和国以及越南，起源于马克思和恩格斯所著的《共产党宣言》。此宣言是一个哲学要求，依据每个公民的权利固着于国家目标上，将个人权利归入整个社会利益。为将社会转变成社会主义社会进而转变为共产主义社会，从《共产党宣言》中逐渐发展出一部法典，到共产主义阶段法律应该不存在了，因为那时新社会不需要法律法规也能平稳运行。

社会主义法庭程序公开、直接而且十分依赖口头证词和审查。有关证据的规则极少，不重视先前判例。法庭会考虑所有提交的证据，决定事实的相对价值和相对重要性，然后根据一般法律规则和共产主义理念作出判决。

□ 合同

越来越多的个人开始在社会主义国家订立货物销售合同。大规模进行国际贸易的社会主义国家已经制定了私人合同法。比如，中国的货物销售合同不要求使用特殊合同格式，但是预先印制的合同可普遍用于国际销售。

社会主义国家的法律正在迅速改变。大多数国家正处于经济现代化进程中，已经发现它们需使自己的商业惯例符合当前国际商业社会的通用惯例。关于货物销售合同，它们的法律体系有几分民法和习惯法的混合特征。你应该努力同这些国家的贸易商建立人际关系以稳定你们的合作协议，而不管政治和经济局势如何。

第 12 章 销售货物的要约

当卖方收到来自买方的询盘时，为销售货物的一个选择是以不正式方式返回给买方一个要约，例如信件。信件通常简明扼要，包含要约的必备条款。如果买方发出订单，在强制执行的情况下，要约函和订单就是合同建立的充分证据，但是当双方当事人还没有建立持久合作关系时，最好将其用于一次性小额交易。如果使用这样的要约函，那么附加额外更详细的合同条款是明智之举，可将这些条款印在信函的背面。

合同样本：销售货物的要约（正面）

【卖方抬头】

【日期】

【买方公司名称】

【买方地址】

注释：合同对签字的双方当事人有约束力。这些当事人应该以其依法登记的名字、公司名称和地址来确认。需随后给另一方发通知的当事人应该使用合同中指定的地址。

回复：【货物认定】的销售

亲爱的【先生/女士】：

非常感谢您于【日期】有关【确定货物】购买的询价。我们很乐意为您提供最优惠的价格【币种和金额，例如，25 件一箱的每箱 50 美元】。最低起订量是【数量和单位，例如，20 箱】。

注释：除了交货条款，合同其他的必备条款都包含在这个条文中。货物的认定应该有对货物的具体描述，包括产品型号。考虑将货物描述附在要约函中，以确保对货物的具体说明足够明确。

请注意，印在要约函背面的条件会影响我们接受您的订单。同时，您的订单不会在我们之间创建有约束力的合同。在我们收到订单之后，我们以书面形式确认我们的承诺，那时我们之间才形成有约束力的合同。

注释：买方的订单能否构成报盘接受并创建有约束力的合同，为避免在这个问题上产生纠纷，你应该明确自己的意图。如果你不想采用额外步骤确认订单，那么你可以修改这个条款，以允许收到订单即构成合同代之。

此订单的特别装运条款如下所示：【请注明】。

注释：要约函背面预先印好的标准合同条款，通常不会因为特殊情况而改变。如果有任何特殊装运要求，确保被包括在信函中。

我们将发送您订购的货物到上述地址，除非您在订单中特别指定另一个不同的地址。我们会在收到订单后【数字】天内交货，除非我们得到其他通知。交货条款如下所示：【请注明】。

注释：你无法指定交货日期直到收到买方的订单。不过，要约中应该规定一种确定交货日期的方法。另一个选择是由卖方在确认订单时通知买方交货日期。

如果直到【日期】我们还没有收到您的订单，那么我们会撤销这个要约。期待您的来函。

您真挚的朋友，

【卖方签名】

合同样本：销售货物的要约（背面）

□ 销售条件

1. 条件变更（AMENDMENTS TO CONDITIONS）。除非卖方以书面形式接受更改，否则对这些条件的任何修改、删除或增添都无效。

2. 指定的交货时间（DESIGNATED DELIVERY TIMES）。任何由卖方指定的交货时间或日期都仅仅是一个估计时间。对任何交货延误以及新的估计交货日期，卖方都会通知买方。如果交货时间比原先指定的交货日期晚了30天以上，那么买方就有权取消合同，自目前估算的交货日期算，至少提前5天将特定的书面通知寄给卖方以取消合同。不过，如果延迟交货是由于卖方努力提供符合买方要求的特别规格的货物，那么买方无权撤销合同。在这样的情况下，卖方会通知买方延迟交货，双方会重新商定交货日期。因为买方提出特别规格而使卖方无法满足买方指定交货日期，不会构成合同违约。

3. 约定价格（FIRM PRICE）。如果买方在要约指定的时间内发出订单，虽然货物生产成本变化，但货物的价格仍会保持不变。

4. 无担保（NO WARRANTIES）。卖方不提供对所售货物的使用寿命或磨损程度的明确或暗示性的条件或担保。卖方也不会出于任何目的或任意特定条件使用，对货物的适用性进行担保，不论是否已经了解或被告知货物的意向使用目的。

5. 残次品（DEFECTIVE GOODS）。如果买方认为所交付的货物都有缺陷，那么唯一的补救方法就是退货。但买方不能因货物缺陷直接或间接产生的损失、损坏或其他费用提出任何索赔。假设买方要求换货，卖方仍可以提供可替换货物，当货物退回给卖方并作为残次品接收后，卖方会按照最初的订购情况重新发货。

6. 损坏通知、缺货通知和损失通知（NOTICE OF DAMAGE, SHORTAGE, OR LOSS）。在买方收到货物后【数字】天内，买方应该向卖方提出有关运输损坏、交货不足或者货物遗失的索赔。卖方不会主动考虑任何有关货物损坏、交货不足或者货物遗失的索赔，除非买方向有关承运人出示单独的书面通知和索赔声明。

7. 许可证和原材料（LICENSES AND RAW MATERIALS）。卖方对任何订单的接受都受两个因素制约：其一是卖方收到的用于购买和制造所需要的全部许可证；其二是卖方获得原材料的能力。如果因为无法获得许可证或原材料而无法完成订单，那么卖方有权取消合同。

8. 故障、延迟或工作中断（STOPPAGE, DELAY, OR INTERRUPTION OF WORK）。如果由于罢工、停工、贸易纠纷、运行故障、事故或其他任何卖方无法控制的原因导致企业停工、生产延误或中断，那么卖方有权推迟所有的交货，并延长原合同中指定的暂缓期限。

9. 不可抗力（FORCE MAJEURE）。如果卖方由于其无法控制的事件不能交货——不管是国家间的敌对、宣战、全国性紧急状态、卖方财产或产品被政府接管、自然灾害发生还是有其他原因——卖方有权通知买方只能交付部分货物，或者合同终止。

10. 规格侵权的保护（INDEMNIFICATION FOR SPECIFICATIONS）。如果买方向卖方提出特殊的货物规格，由此造成了对任意第三方专利、设计、商标和其他知识产权的侵权，那么买方将保护卖方免受因此而产生的所有损坏赔偿、罚款、成本和其他支出。

11. 知识产权（INTELLECTUAL PROPERTY RIGHTS）。所有与货物有关的知识产权——包括但不仅仅限于公司名称、商号、商标、服务标识、商业装潢、专利、设计和著作权——仍然归卖方所有，如果是和买方提供给卖方的特殊规格有关的任何这样的权利，不属于卖方的知识产权。买方不会以任何方式修改货物本身或设计、包装或货物标签，而且所有的广告都必须指出卖方拥有知识产权。

12. 仲裁（ARBITRATION）。双方当事人同意按照合同的要求，将任何合同纠纷提交给他们所指定的仲裁者或仲裁小组裁定。当事人接受仲裁者的决定，认为其有约束力。仲裁决议应按照【仲裁法规的名称】来执行。

13. 适用法律（GOVERNING LAW）。这些条件和这个合同要受【国家】法律的制约，并按照这项法律来解释。

第 13 章

销售备忘

对于很多货物销售来说，简短的合同备忘更令人满意。对于以电话或传真形式下单的一次性销售和即刻交货订单来说，销售备忘是足够充分的销售记录，所谓即刻交货，是指在当事人有空思考并协商出完整协议之前就达成的交易。在建立了长久合作关系的当事人之间，备忘也被用来记录依据潜在协议达成的各次购买。备忘起草速度快，货物也可以立即发出。大部分当事人使用书信或发票格式作为备忘。

表格使用

如果你决定使用销售备忘，确定要包含所有的销售要点：货物、交货、价格以及支付条款。备忘仅仅是你与对方合作关系的概括，并没有对彼此关系进行完整的限定，认识到这一点非常重要。例如，备忘中没有对如何解决可能出现的纠纷进行规定，也没有说明任何具体的担保物、适用法律、验货权或者减轻赔偿的责任。因此，在使用销售备忘之前，你应该考虑是否属于以下几种情况：

你已经与对方建立了不间断的合作关系，上述要素已在这种关系中确立并且已经达到了令人满意的信任水平。

有充分的理由信任对方，因为你已经做了对方的背景调查或者收到了可靠的推荐。

你的交易很小并且损失风险极小。

你愿意而且能够承担损失风险，这也许是因为如果能建立这种合作关系就会获得长期利益。

你愿意就备忘进行谈判或修改，而不是通过法律寻求强制执行。

你正在以最小的成本制定备忘以达成快速销售。

你不关注哪项法律在备忘管理中起主导作用，也不关注备忘是否可强制执行，因为你不会寻求与协议有关的法律补救方法。

合同样本：销售备忘

【卖方抬头】

【日期】

注释：在双方当事人签订备忘时，都应该注明日期。最新的日期就是合同的生效日期。如果合同中的任何一个条款需要对自生效日期以来的数字进行计算，那么生效日期就变得很重要。例如，双方当事人同意在合同生效日期起 30 天内交货。

【买方公司名称】

【买方地址】

注释：被合同确认的当事方会受到合同的约束。确定当事人签下了依法登记的姓名、公司名称和地址。需要发通知给另一方的当事人时，应该使用合同中指定的地址。

我方确认在【日期】收到以下货物的订单：

注释：以书面形式确认所有收到的订单是明智之举。这个确认函说明你已经履行了协议，实际上确认函表示接受条件并创立有约束力的合同。

【货物列表，包括数量、种类、型号、颜色以及其他可识别的特征。如果不同货物种类在价格上不同，还要包括每件物品的价格和订单总量的总价。】

注释：这个条款描述了货物种类、数量以及货物质量，对构成合同至关重要。没有这个条款，合同通常无法执行，因为货物的数量和种类是无法默认的——货物必须由缔约方共同选择。

订单条款如下：

交货日期：在【日期】或之前

价格：总价【币种和金额，例如，12 000.00 美元】【注明贸易术语，例如，

FOB】

特殊包装安排：【请注明】

付款：订货时支付保证金【币种和金额，例如，6 000.00 美元】。在收到【货物/发票】时支付【币种和金额，例如，6 000.00 美元】。

退换货说明：如果货物不合您心意，可以在收到货物后 10 个工作日内进行全额退货。

您在下面的签名将在你我之间创建一个有约束力的合同。

您真挚的朋友，

【卖方公司名称】

【签名】

【签名者的姓名和头衔】

【公司地址】

接受方

【买方公司名称】

【签名】

【签名者的姓名和头衔】

【日期】

第 14 章

订购单

一旦买方了解了要销售的货物、货物价格以及销售条件，买方就会向卖方提交订单——通常被称为订购单或 P. O. 。实际上，订购单就是一个购买要约。但这不构成合同直到卖方接受订单。标准条文通常印在订购单的背面。双方当事人应该注意，附加在订购单上的标准条款与卖方提出的销售条件不会产生冲突。在当事人签订合同之前，应该就有冲突的条款进行再次谈判并更改。

合同样本：订购单（正面）

【买方抬头】

订购单号码：【号码】

注明日期：【日期】

发给：【卖方的名称和地址】

我们很高兴发出如下订单，此订单受其背面所示条件的约束：

产品型号	描述	数量	价格/件	总价
【列出】	【列出】	【列出】	【列出】	【列出】
小计				

续前表

产品型号	描述	数量	价格/件	总价
税				
运费				
总价				

装运和交货条款：【注明，包括进口和出口的费用和文件单据、目的地、交货时间和保险要求】。

【买方签名】

合同样本：订购单（反面）

□ 订购单的条件

订购单背面内容以下列条款为条件：

1. 接受报盘（ACCEPTANCE）。通过以书面形式与买方确认订单和交货日期，卖方被视为接受订单中的要约。

2. 交货（DELIVERY）。买方以订购单中规定的交货期为准，安排自己的生产时间表。如果交货延迟，买方就会遭受巨大损失。通过预先设置这一条款，卖方明确同意交货期对合同的重要性，将视任何延迟为违约。如果交货延迟，买方有权取消订购单，从另一货源购买可替代的货物，并且要让卖方承担由此导致的损失。________（姓名首字母）

注释：卖方通常会要求更灵活的交货期，以使得任何延迟都不会构成违约；而买方通常计划使用货物，即使没有准确的交货日期和时间，也想了解相对确切的交货时间。双方的立场互相冲突，必须协商出一个折中的时间。这里规定的交货条款对卖方非常严格，应该得到修改以反映双方商议达成的结果。

3. 价格和支付条款（PRICE AND PAYMENT TERMS）。除非买方书面同意，否则货物价格不能高于给买方的最后报价或向买方最后收取的价格。货款应在 30 天内付清。在最后付现到期前 30 天内支付，买方可以获得百分之【数字】的折扣。

注释：如果卖方没有制定提前付款的奖励措施，买方可以提出要求。同样，这个条款也必须经双方当事人协商，不应该与卖方提供的支付条款出现冲突。

4. 数量（QUANTITIES）。如果卖方不能装运所订购的货物数量，那么卖方必须在装运前通知买方。买方有权因此取消整个合同，也可接受替代货物，或者接受削减后的数量。应调整价格以反映实际收到的货物。

5. 保险（INSURANCE）。卖方会为所有装运的货物投保。

注释：如果订购单中包含装运条款，明智之举是在装运条款中详细说明双方当事人在货物保险方面的责任。这样，就可去掉这个保险条款。在任何情况下，双方当事人要就以下方面达成一致意见：保险金额，何时何地将损失风险转移到买方，以及一方当事人是对方保险的受益人的涵盖范围。

6. 装运单据（SHIPMENT DOCUMENTATION）。作为货物已装运的证据，卖方要将货物发票和承运人签发的快速接收单或海运提单寄给买方。另外，卖方要进一步准备货物进出口时海关所要求的完整的报关文件单据。

7. 图纸和产品说明的所有权（TITLE TO DRAWINGS AND SPECIFICATIONS）。如果买方为卖方提供图纸和/或产品说明，买方会一直保留这些东西的所有权。卖方保证会秘密持有并只使用在与订单有关的地方。除了卖方的员工、转包商或政府检查员，这些信息不会披露给任何人或公司。卖方在订单完成后会立即归还所有的图纸和产品说明，或在任何时候应买方要求立刻归还。

注释：时刻谨记要保护好知识产权。设计、商标、计划、商业秘密和相似特征信息的公开，都会导致专有权的损失。应该包括一个保密条款和一个知识财产所有权的明确声明。

8. 卖方的担保（SELLER'S WARRANTIES）。卖方担保所交付的货物在原材料或工艺方面没有缺陷，而且严格按照买方的产品说明、图纸或样品生产，如果买方提供了的话。担保条款在验货、交货、接收货物以及支付货款之后仍然有效。

9. 验货（INSPECTIONS）。买方有权在其经营场所验货。买方有权拒收不满足订单要求的货物并将其退回给卖方，费用由卖方支付。卖方会按照买方的要求替换掉这批退回的货物。

注释：当要长途运输货物时，在装运前检验货物是否符合要求并在运送后检验货物是否有损害和遗失，这是非常明智的做法。如果在装运前买方不能亲自验货，很多公司都会提供客观的检验。如果委托第三方验货，一定要确保你收到了结果的书面证明书。

10. 转让（ASSIGNMENT）。没有对方当事人事先的书面同意，根据订购单的规定，任何一方都不允许进行转让或委托。未经事先同意的任何转让或委托尝试都无效。

注释：如果当事人禁止所有的权利转让或委托，那么就无法执行这样的条款。法律默示了转让权或委托权，但是当事人可以限制这些权利，例如通过使用事先同意书。

11. 合同的订立（CREATION OF CONTRACT）。如果卖方接受了这个订单，没有对任何条款进行修改、取消或增加，那么当事人之间就形成相互约束的合同。对任何条款进行修改、取消或增加，都被视为还盘，此时，要形成有约束力的合同，买方的接受是必要条件。

注释：通过与此处相似的条款来控制合同的订立，这是明智之举。双方当事人都是商人，对合同非实质性条款的修改不一定会构成还盘，但可以看成接受报盘，从而形成有约束力的合同。如果你对修改不满意，那么你会被改动是否影响了实质性条款的争论所纠缠，而这个实质性条款是一个不精确标准，不同的人可进行不同解释。

12. 适用法律和法院（GOVERNING LAW AND FORUM）。本订购单按照【国家】的法律进行解释。当事人之间的任何纠纷必须由【国家】的法院解决。

注释：双方当事人都会优先选择本国的法律和法院来解决纠纷，因此这个条款需要双方商议，以达成一致意见。如果这个条款与卖方的条款冲突，那么法院很可能会同时忽略两个条款。记住，选择对方国家的法律和法院也有道理，例如，这个国家的法律可能会更完善或对你更有利。另外，还存在加急程序，如果能避免对认定提起国外判决的法律程序，那么将更容易进行强制执行。

第 15 章 有条件销售合同

如果是较贵重的货物，买方想立即使用货物但仅随对货物的使用逐渐分期付款，那么就会用到下面这种类型的销售合同——有条件销售合同。只有在合同付款期限相对较短的情况下，如 6 个月，才使用这种合同。如果付款期限可以延长到一年或更长，那么应该订立更加详细的租赁协议或信用协议。

合同样本：有条件销售合同

在【日期】，本合同由（卖方的）【名字】、【详细地址和国籍】，以及（买方的）【名字】、【详细地址和国籍】共同订立。各当事方就如下内容达成一致：

注释：协议对签署各方具有约束力，具体指在此条款中确认的各方。在合同中写清每一方当事人的全名，如果一方是实体公司，那么给出这个实体的类型（合伙企业、公司、有限责任公司、非营利组织等）。各方经营地址或者在此处写明，或者在合同末尾紧跟签名处写明。在国际合同中，还需包含对当事人的国籍说明。例如："在法国法律下组织并存续的公司"、"在美国加利福尼亚州法律下组织并存续的合伙制企业"或者"新加坡公民"。

1. 货物销售（SALE OF GOODS）。卖方同意销售而且买方同意购买以下货物：【列表】。

注释：对货物的描述应当详细具体，包括正确的产品型号、颜色、数量等。如果买方给出对产品的详细说明，将其写成单独的附件作为参考并入合同是明智之举。

2. 买入价（PURCHASE PRICE）。买方同意按照以下时间表为货物支付【币种和金额，例如，18 000 美元】（购买价格）：【请注明，例如，双方当事人签订合同后，买方即付现金 6 000 美元；余额 12 000 美元分 6 个月支付，每月 2 000美元，从（日期）开始到（日期）的每月第十天交付】。

注释：虽然付款期限很短，但双方当事人可以修改这个条款，添加利息支付部分。利息条款实行后应在每月支付货款的同时支付利息。为了鼓励早付款，卖方可对提前支付免除其利息"惩罚"。

3. 所有权（TITLE）。卖方将保留货物的所有权，直到买方付清合同规定的金额，虽然货物已经在全额付款之前交付给买方。

4. 货物用途（USE OF GOODS）。买方必须在以下地点留存货物并仅在以下地点使用货物，直到买方支付全款：【列表】。当卖方仍拥有货物所有权时，买方不能抵押、销售、典当货物，也不能赠送、借出和转让货物。

注释：这个条款的外延应该足够广泛，以覆盖各种应被禁止的用途。不过，卖方应该检查买方国家的法律，以确定是否存在其他应予以澄清的可能性。卖方应该记住，当货物归买方所有时，可能仍然受强制扣留和财产扣押的制约，比如受到税务机关或破产法院的制约。强制扣留的影响是当事人谈判的关键：这种留置权的实施造成合同违约了吗？应如何补偿卖方的已付货款或如何保证货物能被归还呢？

5. 保险（INSURANCE）。买方必须为货物的遗失、破损和破坏购买保险，并且维持【币种和数量】金额的保险承保范围，直到支付了全额买价。保险单上要指定卖方为赔款接收人。保险单要由一个名誉好而且有清偿能力的保险公司签发，而且买方必须寄一份保险单复印件给卖方。如果买方不能或由于其他原因没有成功获得和维持保险，那么卖方可以选择获取这个保险，然后向买方收取保险费用。如果货物在全额支付之前遗失、破损或遭到毁坏，那么卖方有资格获得支付给买方的保险赔偿金，总额是未结清余额。

注释：在合同中规定，当买方不能为货物投保时，卖方应该购买货物保险，这是非常重要的。在买方国家也许会获得充分保险，也许不能。

6. 知识产权（INTELLECTUAL PROPERTY RIGHTS）。卖方的知识产权不会由于这个协议被转让或以其他方式给予买方。这些权利是卖方的专有财产权利，而且买方对与货物有关的知识产权没有任何权利。买方保证不侵犯卖方的知识产权。

7. 违约和提前收益（DEFAULT AND ACCELERATION）。如果买方在两次

或多次分期付款中违约，或在合同条款上有任何违约，那么卖方有权要求买方全额支付余款。如果买方没有满足卖方的要求，那么双方会尝试重新协商支付条款。如果双方未能解决这个纠纷，那么买方不是将货物退回给卖方，就是让卖方在合理的营业时间内到买方的经营场所取回货物。卖方可以重新出售该货物，以获取买方尚未支付的差额，或者卖方可以以当前市场价值回购货物。如果货物重新出售，那么获得的钱会首先用来支付取回货物和重售货物中发生的费用，然后用来支付买方未结清的余额。如果支付完上述款项后还有余额，则归买方所有，但是如果数额不足，则买方要将不足部分补偿给卖方。

注释：这个条款规定了在违约情况下有关支付条款的重新协商。虽然不一定非是重新协商，但是这种方式值得高度推荐。否则，卖方将以被使用设备的最低价值代替设备的全额付款来了结此事，没有哪一方当事人可能收回运输、安装等方面发生的全部费用。考虑到经济和市场的内在变化，国际贸易当事人应当记得保持灵活性，至少在利润来源处当如此。

【双方当事人的签名】

第 16 章

咨询合同

本书核心部分是货物销售合同。服务销售合同有其自身特点，本章提到了其中一些问题。在销售或购买货物的过程中，很有可能需要订立服务合同，例如，你需要进行市场调查、公共关系推广或对侵权进行秘密调查。下面这个合同是一次性咨询合同。如果有持续性的服务需求，应考虑订立聘用合同，以这个合同为基础，服务提供者将同意以年收费或月收费的方式来提供服务。不过，订立国际长期服务合同时必须十分小心，因为在一些国家，当公司终止雇用那些有聘用合同的咨询顾问时，劳动法要求公司必须支付巨额罚金。

合同样本：咨询合同

自【日期】起，本合同由（公司的）【名字】、【详细地址和国籍】，以及（咨询顾问的）【名字】、【详细地址和国籍】共同订立。当事人就如下条款达成一致：

注释：此条款中确认的当事人应该是签订合同的当事人。各方都要在合同中给出其全名和公司经营地址。如果一方是实体公司，那么合同中要说明这个实体的类型（合伙企业、公司、有限责任公司或非营利组织等）。在国际合同中，有关各方当事人的说明还要包含其国籍。例如："在法国法律下组建并存续的公司”、“在美国加利福尼亚州法律下组建并存续的公司”或者“新加坡公民”。

1. 聘请（ENGAGEMENT）。公司聘请顾问而且这个顾问也同意为【请注明，例如，为了公司的货物销售而调查（国家）的消费者市场】而提供独立咨询服务。

2. 合同期限（TERM）。自【日期】开始，合同生效并且持续到咨询顾问将最终市场调查报告交给公司为止。双方一致同意，市场调查报告应不晚于【日期】提交给公司。

3. 顾问的工作（EFFORTS OF CONSULTANT）。咨询顾问会尽其最大的能力来提供咨询服务。咨询顾问要为咨询服务付出合理真诚的努力。双方当事人认可，咨询顾问在非排他的基础上提供咨询服务，可在其便利的时间和地点提供服务。另外，咨询顾问将确保咨询服务遵守了所有适用法律要求。对咨询顾问进行咨询服务的方式，公司不承担任何责任。

注释：此合同假设咨询顾问是独立合同人，这意味着咨询顾问并不是公司的雇员。对独立合同人和雇员作出区分，是为了满足劳动法和税法的要求。一些国家的法律不承认这个差异，此时，保持公司和咨询顾问之间的距离也就不重要了，因为所有受雇的人都被视为雇员。

4. 补偿（COMPENSATION）。根据这个合同，作为对所有已提供咨询服务的补偿，公司会支付给咨询顾问【币种和金额】。在咨询顾问完成咨询服务后【数字】天内，公司会向咨询顾问支付咨询费用。所支付的咨询费用中没有扣除任何税费、劳动力收费、执照费用、医疗费用或其他费用。

注释：再次重申，假设咨询顾问是独立合同人。如果真是这种情况，公司不应该按照与公司雇员工资相同的支付方法来支付咨询顾问的工资，也不能从独立合同人的报酬中扣减雇佣费用。

5. 独立合同人资格（INDEPENDENT CONTRACTOR STATUS）。在订立合同和执行合同的过程中，咨询顾问自始至终担当的都是独立合同人角色。任何一方都不会对另一方作出任何承诺，也不会为对方的利益而承担任何收费和支出。咨询顾问不是公司的雇员，也没有权利获得公司为雇员提供的任何退休金计划、失业保险、奖金、工伤补偿保险、股票，或其他相似的福利。咨询顾问有责任以娴熟的方式完成合同规定的工作，并为自己的不当行为和疏忽负责。咨询顾问要负责支付所有的税费、罚金和（或）其他相似的特殊税捐，这些税捐在此协议下的咨询服务中已经出现或将要出现。咨询顾问可以自费聘用助手，同样，这些助理不是公司雇用的。咨询顾问自备完成咨询服务所需要的所有材料、工具和设备。

注释：法律的假设是受雇于某一方的个人叫雇员。如果你想聘请一个独立合同人，那么明确否认这个法律的假设非常重要。你应该试着填补其他形成雇佣关系的所有漏洞。

6. 咨询报告（CONSULTING REPORT）。咨询顾问会就自己的发现准备报告并将调查结果报告递交给公司。报告应该包括以下信息：【请注明】。在合同终止后，咨询顾问至少在6个月内必须保留这份报告的副本。

注释：在不危害咨询顾问独立合同人资格的情况下，公司会具体说明它最想要的咨询结果。你可以考虑给合同添加一个单独的清单作为附件，不过这取决于要求的范围。

7. 利益冲突（CONFLICTS OF INTEREST）。咨询顾问担保，除了已经披露给公司的利益冲突之外，在咨询服务过程中没有其他潜在的财务或利益冲突。

注释：咨询顾问与公司之间没有任何影响其服务客观性的利益冲突，这一点是重要的。如果公司过后了解存在利益冲突，咨询顾问会被视为违约。

8. 机密性（CONFIDENTIALITY）。公司提供的关于其产品制造和产品销售的所有信息都被认为是机密的，咨询顾问同意未经公司授权不会披露这些信息。

9. 知识产权（INTELLECTUAL PROPERTY RIGHTS）。公司拥有与其货物和服务有关的知识财产专有权，不会因咨询合同被转移给咨询顾问。咨询顾问保证保护公司的专有权并避免侵权。

10. 终止（TERMINATION）。通过向对方递交书面通知，合同任何一方都可以终止合同，自通知寄出日起或自通知中提到的日期起，以其中较晚的日期为准合同终止生效。如果到终止日，咨询顾问已经完成了部分咨询服务，那么应向公司提交截止到合同终止时所搜集的资料，以及以小时收费为基础的费用报表。只是为了合同终止，双方同意咨询服务每小时的合理收费是【币种和金额】。

注释：在与独立合同人订立的服务合同中，随意终止合同非常普遍，因为在咨询顾问不高兴时，强迫他们完成咨询服务很难。终止合同的权利应该是相互的（双方应该有相同的权利）。因此，如果公司不满意咨询顾问的表现，那么双方可无理由地终止雇佣关系。

11. 转让（ASSIGNMENTS）。这个合同是为咨询顾问的个人服务而订立的，因此没有另一方事先的书面同意，任何一方都不能对合同的权利和责任进行转让或委托。

注释：一般来说，双方不能完全禁止合同的转让或委托，因为根据法律这些条款无效。不过，通过要求对合同转让或委托的事先同意，双方可对这些权利进行限制。在服务合同中，这种限制尤其重要，因为合同的本质特征——就是说，双方同意互相合作的原因，是他们互相喜欢并且尊重对方的才能、人生观、个性和职业道德等。

12. 通知（NOTICE）。如果各方当事人都按照合同条款的规定给对方发通知，那么只要是书面通知并且用挂号方式寄出就有效。通知应该按照合同中指定的地址寄给当事人，除非此人已经通知另一方地址变更。

13. 适用法律（GOVERNING LAW）。根据【国家】的法律，此合同应视为成立并受其管制。

第 17 章

销售代表合同

通过另一种常见的与货物销售相关的合同，公司可雇用当地代理销售产品。在进行海外经营时，公司应该像对待婚姻一样谨慎对待与销售代表之间的雇佣关系。公司应面见销售代表，经一段时间相处后再建立代理关系，并应时常加以监管。雇用销售代表是保证产品在外国市场销售的一个重要措施——确定你已准备好采取这个措施。

合同样本：销售代表的服务合同

在【日期】，本合同由（制造商的）【名字】、【详细地址】、【个人或实体类型以及国籍或合同订立地点】，以及（销售代表的）【名字】、【详细地址】、【个人或实体类型以及国籍或合同订立地点】共同订立。

注释：这个条款应该确认签订合同的双方。为了确保不出现误会，在合同中应写明当事人的全名和经营地址。如果一方是实体公司、合伙企业、法人、有限责任公司或其他，应在合同中注明其类型。在国际合同中，还需包含对各方的国籍说明。例如："在法国法律下组建并存续的公司"、"在美国加利福尼亚州法律下组建并存续的合伙制企业"或者"新加坡公民"。

各方承认制造商生产并销售【描述货物或在合同附件 A 里列示的货物】（货物名称）而且设法在【国家】聘请销售代表，为制造商提供并销售货物。因此各方达成以下一致意见：

注释：这段话通常被称为序言，对各方意图进行了说明，有时也给出合同所用术语例如货物的定义。按照传统做法，序言不编号，但如果编号使序言更便于查阅，各方就没有必要坚持传统做法。

任命（APPOINTMENT）。制造商聘请销售代表按此协议的条款和条件将货物转售给在【国家】进行商务活动的个人和公司。

注释：此条款假设销售的目的是转售货物。如果要将货物以零售价销售给消费者，应在合同中增加额外条款以包含涉及消费品销售的责任。如果制造商授予销售代表独家销售权，也应修改此条款。对于独家销售权，合同应规定制造商同意在该国不自行销售或另行授权他人分销产品。独家销售权会使销售代表受益，通常在市场相对较小时才授予此权利。对于较大市场，公司会考虑在特定销售区域内授予独家销售权，这考虑了充分的市场渗透力，尽管同时也阻止了销售相同产品的不同销售代表之间的竞争。一旦制造商授予了独家销售权，就不应该再为自己保留任何销售权利，因为那样会减少销售代表的销售额。如果当地销售代表成功获得了独家销售权，制造商就能获得最佳利益，因为海外销售中固有的经常费用额外支出使直接销售很可能会获利较少。

销售代表的责任（OBLIGATIONS OF SALES REPRESENTATIVE）。销售代表同意在【国家】内代表制造商销售货物并开展营销活动。销售代表自收到订单之日起在决不超过【数字】天之内会把所有的客户订单及时转寄给制造商。销售代表不会促销、宣传、公开发售或销售任何与代理货物相同、易混淆或看起来相似或其他竞争性货物。销售代表将遵守制造商在货物销售价格、收费、条款和销售条件方面不时变化的规定。为了在【国家】内达到最大销售额，制造商将通过与销售代表协商制定这些规定，尽管制造商有最后决定权。在规则变更实施前至少【数字】天，制造商将向销售代表发送规则变更书面通知。

注释：除非公司同意这种销售，在很多标准合同中都包含禁止销售竞争性产品条款。建议绝对禁止非竞争性条款，除非公司确实有理由授权这种竞争性销售，而这几乎是不可能的。就公司规定而言，当地销售代表很可能处于了解市场的最佳位置。因此，公司规则的制定应参考销售代表的意见。作为国际贸易商，你可以试着在全世界实施统一的贸易规则，但是一个成功的贸易商，必须认识到每个市场都有其独特性。因此，保持国际统一规则的灵活性很重要，从而不再有什么统一可言。至少，需要对价格、担保和促销活动进行调整，以确保货物在同进口国国内货物竞争时能在国际市场占有一席之地，或能将新产品，通常是一种新概念，引入另一种文化中。

合同期（TERM）。合同期共【数字】天，从【日期】到【日期】，而且在接下来【数字】天内继续有效，除非一方通过将无意续展合同的书面通知寄送另一方来终止合同。这个通知必须至少比合同结束期提前【数字】天，以挂号信的方式寄达另一方。

注释：推荐使用可选择续展或取消的短期合同，如为期180天的合同，几个理由如下：首先，如果当事人之间的关系是新建立的或者市场未经检验，那么任何一方向另一方承诺建立长期合同都是不理智的。更重要的原因是，一些国家的法律对受雇一段时间后的雇员和其他人形成防护圈，不管他们当时以何种身份受到公司雇用或聘请。这些法律增加了雇主负担，以向雇员提供实质利益、证明合同终止合法并补偿免职损失。在试图说明各方意图并非建立雇佣关系方面，合同期应当被限制在相对较短的时间内。出于同样的原因，在试图表明当地代表在制造商最低限度指导下自行运营以及并未获得对制造商负责的授权方面，应避免使用合同期代理人——此合同使用销售代表。

制造商的责任（OBLIGATIONS OF MANUFACTURER）。制造商同意生产并保持足以及时交付销售代表经销的一定数量货物。制造商会以发票或其他方式确认客户订单，并按照制造商规定将货物发给客户。如果制造商改变或停止任何货物的生产，将立即通知销售代表并向其提供替代货物。如果销售代表拒绝销售替代货物，合同终止且各方彼此不存在任何索赔或法律责任。

注释：假如制造商不再有现成的特定产品，在试图阻止合同违约责任上，此条款给予制造商一定的灵活性。实际上，大多数商品几乎无法在漫长的一段时间内持续获取——因为在不远的将来总会有新的改良版本出现。合同应考虑到惯例，否则各方将会因替代过时商品的需要不断修改原有合同或订立新合同。

佣金（COMMISSIONS）。对按照合同规定执行的服务，制造商将按照所售出货物批发价百分之【数字】的费率向销售代表支付佣金。每个月向销售代表支付一次应付佣金，所有货款都应在货物发给客户当月的次月以【币种】付清。

注释：公司对不同的销售类型支付不同的佣金率，这是很普遍的做法。例如，如果货物通过特殊促销方式销售，佣金会降低或被抵消。佣金条款应该指出销售代表是否有资格获取同一国由他人完成的销售佣金。同理，这个条款也应该说明是否允许从佣金里扣除任何资金。因为这是国际合同，所以还需说明支付币种——首选稳定的货币。

独立合同人关系（INDEPENDENT CONTRACTOR RELATIONSHIP）。销售代表承认且同意合同预期建立独立合同人关系而非雇佣关系。这个合同不能被解释为创立合作关系、联合经营、信托关系或其他相似关系，任何一方都不会为另一方的债务或义务负责，而且任何一方都没有权利要求另一方遵守任何其他合同。销售代表可以自由雇用员工或独立合同人，制造商无权进行限制、解雇或雇用。确保在【国家】经营业务时满足全部当地法律要求是销售代表的责任。负责支付因销售货物在【国家】产生的全部税费也是销售代表的责任。制造商对销售代表在货物销售中产生的货物损失、索赔或其他责任不负有赔偿和保险责任。销售代表将应制造商的合理要求协助将货物交付给客户。

注释：公司会尝试与当地销售代表建立独立合同人关系，但是公司应该多加谨慎，并不是每一个国家都认可这种关系，在这种情况下，销售代表被视为雇员而公司要服从保护雇员的法律——例如合同终止时发出重要通知并支付相应款项。即使在认可这种关系的国家，也必须严格维持独立合同人资格，因为这种类型与常理相悖。制造商应给予销售代表尽可能多的自由，使其自行决定应当怎样以及何时何地销售货物。制造商实施的规则和制度越多，销售代表就越有可能被视为雇员——因为对制造商来说，税法和劳动法结果是对立的。

知识产权（INTELLECTUAL PROPERTY RIGHTS）。销售代表理解并同意制造商拥有所有涉及货物商标、名称、设计、专利和商业秘密（知识财产）的珍贵财产权利。这些权利都不会赋予销售代表。销售代表不应该表现出拥有制造商知识财产权利。所有的广告都必须声明制造商拥有出现在广告中的知识财产权利，而且所有的广告在发行或出版之前都必须先提交制造商审查并获取批准。违反这一条款将会导致合同立即终止。

注释：决不要低估知识产权的价值。制造商的声誉和名望与产品的名称和产品标识相联系，货物的独特性通过专利和设计注册得到保护。外国贸易商知道这些财产权利的价值——这就是为什么侵权是一笔大买卖。不管产品是你自己合法生产的还是被非法复制的，是你的声誉卖出了这些产品。如果你没有保护好自己的知识产权，你所损失的不只是销售额，还有这项财产的专有权。

转让（ASSIGNMENT）。没有事先取得另一方的书面同意，任何当事人都不能签署转让协议。转让对转让方的责任授权没有任何影响，转让方将继续受到合同约束。

注释：个人服务合同的各方根据彼此的特性订立合同。把合同规定义务转让的一方将把另一方留给一个陌生的合伙人。通常情况下，无法做到对所有转让进行禁止，但是当事人可通过要求对任何转让取得事先同意来保护自己。

违规的补救方法（REMEDIES FOR VIOLATIONS）。双方当事人承认打算建立互惠关系，为达到这个目的，将通过友好谈判来努力解决双方的所有分歧。不过，如果产生了无法解决的纠纷，双方当事人将把争议提交【仲裁委员会的名称】进行仲裁。这个条款不会限制制造商向销售代表追索侵犯其知识财产专有权的任何其他可得补偿。

注释：如果在销售代表本国可进行仲裁，可选仲裁作为解决纠纷的方式之一。不过，在规定仲裁条款时你应该十分小心，因为并不是所有国家都有易于获得的仲裁体制。而且仲裁是对抗性的，与谈判及和解相比，通常会花费更多的成本和时间，尽管仲裁一般来说比法律诉讼花费的成本和时间要少。在一些文化中，仲裁与法院程序有相同的臭名，二者都被人们以怀疑的态度审视并被视为对个人的羞辱。

修改（MODIFICATION）。仅当双方以书面形式共同签署时方可修改协议。

注释：要一直坚持书面更改，以避免任何已达成一致的问题产生后续问题。法庭不采纳对明确且清晰的合同条款进行改变的口头修改证据。

通知（NOTICES）。按照此合同要求发出的所有通知，都必须按照合同中规定的地址，以书面形式寄送给对方。在地址更改生效后【数字】天内，一方必须通知另一方地址变更。被认定的通知交付日为通知签收日。

注释：添加通知条款通常是明智之举，可确保双方寄发通知的程序。这个条款可以避免随后因通知构成发生的争议。

当事人的合同意图（INTENTION OF PARTIES）。制造商和销售代表已执行此合同以证实其意图受合同条款约束。双方宣布这个合同构成完整的协议并取代先前所有的协商、理解和陈述。各方都受鼓励且有机会获得独立专家的意见，包括律师和会计师，而且每一方都已作出独立决定来承担合同规定的责任。

注释：这个标准的合同条款很重要，而且几乎不应从合同中删除，其作用是建立了相互理解的基本合同概念和合同意图。国际合同更为这些条款增添了重要性，因为考虑到例如语言、文化、环境以及缺乏经验等无形障碍，各方当事人对合同条款的理解事实上可能非常不一致。

【公司名称】

【签名】

销售代表

【公司名称】

制造商

【签名】

【签名者的姓名和头衔】

第 18 章

特许经营合同

下面是一份简明特许经营合同，只起示例作用。特许经营是一种只能在法律建议指导下才能进行的复杂业务模式，合同应该说明海外特许经营业务涉及的内容。独立经营企业可利用特许经营方式来分销与其他独立所有人运营网络相联系的货物或服务。每个特许权所有人都会从中央机构的支持中获益，同时也拥有了成为独立经营者的优势。

合同样本：特许经营合同

在【日期】，本合同由（特许人的）【名字】、【详细地址】、【请注明，例如，个人或实体类型以及国籍或合同订立地点】，以及（特许经营人）【名字】、【详细地址】、【请注明，例如，个人或实体类型以及国籍或合同订立地点】共同订立。

注释：此条款应确认签订合同的双方。为了确保不出现误会，在合同中应写明当事人的全名和经营地址。如果一方是实体公司、合伙企业、法人、有限责任公司或其他，应在合同中注明其类型。在国际合同中，还需包含对各方的国籍说明。例如："在法国法律下组建并存续的公司"、"在美国加利福尼亚州法律下组建并存续的合伙制企业"或者"新加坡公民"。

□ 序言

A. 特许人拥有多种注册商标、服务标识、商业名称和风格（包括产品中使用的独特的标志和有著作权的资料），包括名称【商标名称】（知识财产）的权利。另外，特许人通过自己和特许经营人对企业的经营扩大了知识财产的使用和接受范围，而且研发出一套含有自己的知识财产、有广泛的公共接受度和良好信誉的国际【业务类型】体系。

B. 特许经营人想成为这个体系的一部分，而且想利用特许人的知识财产和良好信誉建立并经营【业务类型】。

因此，特许人和特许经营人达成以下协议：

□ 合同

1. 许可证（LICENSE）。特许人授予特许经营人许可证，允许其在合同期内或其任何续展期内，按照知识财产的规定在以下区域（指定区域）内经营【业务类型】。特许经营人同意按照合同规定在而且仅在【业务类型】的推广和经营中使用知识产权。为了保护和提高知识财产的价值和声誉，并确保公众依靠知识财产辨别【业务类型】的质量、类型和标准，要使特许经营人的许可证以特许经营人对此协议和特许人商业手册中标准、条款和条件的持久坚持为准。特许经营人[①]同意按照特许人不时增改的规则和程序来经营【业务类型】。特许经营人承认特许人是知识财产的唯一所有者，并同意不以任何个人或实体的名义注册或试图注册特许人的知识产权。另外，特许经营人不能将知识产权或其任何部分用于自己公司名称的任何部分。在此协议或其任何续展协议到期或终止时，特许经营人同意立即停止使用产品标识，并将所有文件、说明书、展览品以及使用了特许人任何知识财产的类似物品返还给特许人或彻底销毁。

2. 加盟费（INITIAL FEE）。考虑到【业务类型】的建立时机和维持条件，特许经营人将向特许人支付总额为【币种和金额】的加盟费。加盟费依据指定区域内的市场潜力确定。特许经营人承认费用合理，而且双方明确知道这笔费用在合同期满或终止时不会以任何理由退给特许经营人。

3. 特许经营人的义务（FRANCHISEE'S OBLIGATION）。特许经营人向特许人购买在【业务类型】中销售的【产品】。支付条件是，在收到发票时付现。

4. 特许人的义务（FRANCHISOR'S OBLIGATIONS）。在合同期或其任何

---

① 原文是 franchisor（特许人），而由上下文可知，此处应为 franchisee（特许经营人）。——译者注

续展期内，特许人将完成以下事情：

a. 在指定区域内维护并促进知识财产确认体系。

b. 维护全国性广告计划。

c. 免费提供首批商业广告和促销材料并以合理的价格提供额外材料。

d. 以合理价格提供标志、企业表单、信纸、制服以及其他标准化的物品。

e. 应特许经营人要求，特许人为其提供管理咨询设施、技术诀窍，以及在建立、经营和完善【业务类型】中有关选择经营厂址、建立销售点、建立和维护办公管理系统和业务操作程序、设立和维护广告和营销计划与促销活动，以及选择、购买和处理【产品】的商业秘密。

f. 应特许经营人要求，为了将【产品】送达特许经营人处，特许人协助其得到货运服务。

5. 特许经营人的企业运营责任（FRANCHISEE'S OBLIGATIONS REGARDING OPERATIONS）。特许经营人有以下责任：

a. 自合同生效日期起 90 天内，特许经营人至少要在指定区域内开设一个销售点。

b. 特许经营人要投入主要精力并尽最大努力，致力于发展指定区域内业务，建设并保持足够数量的销售点，以适合现有市场的发展。

c. 特许经营人的经营地点要适合【业务类型】针对大众的经营。所有地点要始终保持干净整洁，并雇用有资历的人员充实员工队伍。

d. 特许经营人要在指定区域内出版的电话服务指南中提供并持续做电话广告。这些广告必须符合特许人时不时制定的标准规格。

e. 特许经营人要在每个销售点突出展示特许人现有的知识财产，这是特许人为提升公众对其知识财产的统一认识而时不时指定的。

f. 特许经营人要求全体职员着装统一并佩戴标准徽章，而且要服从特许人为提升体系及知识产权的名誉接受度而时不时公布的标准化计划。

g. 特许经营人要提供快速且礼貌的服务并以这种方式经营其【业务类型】，从而始终对这个体制以及特许人的好名称、好声誉和好名望产生良好影响。另外，特许经营人将避免所有欺骗性、误导性以及不道德行为。未经特许人提前以书面方式批准，特许经营人不得在任何广告或促销中使用或导致使用任何标识。

h. 特许经营人将要准备并保存真实且准确的记录、报告、账单、书籍和数据，上述材料将准确反映特许经营人行为和具体规划的所有细节，以及特许人为保管和汇报记录而时不时作出的规定。特许经营人允许特许人及其代表在任何合理时间检查并审计这些记录、报告、账单、书籍和数据。特许经营人在【业务类型】中只使用符合特许人标准规范的并经特许人批准的表单。特许人提出对相关信息及标准报表的要求以对系统进行适当管理，特许经营人在此要求后的合理期限内将提供所要求的信息及报告。特许经营人承认已拿到特许人合同模板的副本，并已获知此段落中所提到的特许人标准行为和具体规划。

i. 在指定区域内，特许经营人支持并推广所有特许人为体系利益而时不时设立的全国性促销活动。这类促销活动可能会发行可在任何已授权的特许经营人经营地兑换的可用于【产品】购买的抵免券。特许经营人将接受所有价值为其应向特许人支付费用面值50%的抵免券，当超过这个限制时，特许人将以全额面值赎回所有抵免券。

j. 特许经营人按照由特许人设立并不时修改、且在程序和销售手册中明确规定的标准程序和方法来经营【业务类型】。特许经营人[①]承认已拿到并核查过该手册的副本，手册始终是特许人[②]的财产。没有特许人的明确书面同意，特许经营人不能向任何人泄露或造成手册内容泄露。在合同终止或到期时，特许经营人要将手册还给特许人。

6. 免责（INDEMNIFICATION）。特许经营人同意保护并使特许人、其母公司及各分公司、公司高级职员、代理和雇员们不受损害，并免于承担因违反合同产生的所有损失、损害、责任和引发的花费，并且不因特许经营人在【业务类型】经营过程中产生的所有索赔、损害赔偿、诉因或由任何个人、公司或企业引发的诉讼案件受到影响。

7. 保险（INSURANCE）。特许经营人要努力在特许人批准的公司获得保险并保持其充分效力，同时，此保险要服从特许人时不时规定的限制以覆盖【业务类型】的所有可保风险。此保险应包含工伤赔偿险、火灾险、入室盗窃险以及特许人和特许经营人认为对适度保护其利益必要或适宜的其他保险。特许经营人向特许人提供有效保险单作为证据。

8. 非竞争（NONCOMPETITION）。在合同期限内及合同到期、终止或续展之后的【数字】年内，不管是在指定区域内还是在按合同规定经营的任何代售点【数字】英里的半径范围内，特许经营人或其委托人或合伙人都不能从事任何【业务类型】的经营活动。

9. 违约（DEFAULT）。根据此类合同的任意条款或条件或任意附属协议，人们认为不会存在并出现任何履约失败或其他缺陷，除非这种履约失败无法得到纠正，或者即使可以得到纠正，这样的履约失败在书面违约通知寄给或发电报给对方后仍将持续30天以上。

10. 合同期限（TERM）。合同自特许人接受合同之日起生效并持续【数

---

① 原文是 franchisor（特许人），而由上下文可知，此处应为 franchisee（特许经营人）。——译者注

② 原文是 franchisee（特许经营人），而由上下文可知，此处应为 franchisor（特许人）。——译者注

字】年，除非因本合同规定的条件提前终止。按照特许经营人的意愿可将合同续展【数字】年。在合同期满前或任何续展前90天，特许经营人必须书面通知特许人其执行续展合同的选择。

11. 合同终止（TERMINATION）。假设特许经营人声誉良好，特许经营人可通过提前90天给特许人寄送书面通知以在任何时候终止合同，除了合同的终止，不能减少特许经营人对特许人在此协议或双方间任何附属书面协议上规定的责任。

12. 特许人终止合同的权利（FRANCHISOR'S RIGHTS ON TERMINATION）。在合同终止时，特许人有权向特许经营人收回所有合同规定的应付资金以及所有成本和费用，包括特许人执行合同权利时产生或引发的合理律师费用和支出。特许经营人会将所有的文献、标志、广告材料、促销材料以及确认特许人和特许经营人的其他材料退还特许人或自行销毁，并立即中断与特许人的关系或者停止使用特许人的知识财产或任何激励措施。从那以后，特许经营人不能作出任何对特许人或此体系有害的行为。

13. 遵守法律（COMPLIANCE WITH LAWS）。特许经营人只合理地遵守涉及特许经营人支付所有税费、许可证费、注册费及建立和经营业务中产生的其他手续费和估价费的所有法律、章程、条例或任何公共机关或政府当局的法则。

14. 独立合同人（INDEPENDENT CONTRACTORS）。双方不是而且也不应被视为对方的合营伙伴、合作伙伴、代理人、佣人、雇员或受托人，而且除了合同规定的情况之外，任何一方都无权约束或强制另一方。就特许经营人引发的债务，特许人不对任何人负责，除非特许人书面同意支付这些债务。

15. 弃权（WAIVER）。任何一方在任何时候执行任何合同条款或行使任何选择权或补救方法时的失败，都不会被解释为对这些规定的放弃，且在任何情况下都不影响本合同的有效性。

16. 无口头陈述（NO ORAL REPRESENTATIONS）。当特许人的授权人接受此合同及任何附属书面协议时，经授权人签字的合同构成了双方当事人之间的完整协议，而其他陈述、规定或协议则无效。

日期：

【签字】

特许经营人

【公司名称】

特许人

【签字】

【签字人的姓名和头衔】

第19章 经销协议

不同于暂时拥有货物但却没有货物所有权（或者其仅处理由制造商直接发出的订单）的销售代表，经销商不仅占有将售卖的货物而且还拥有货物所有权。通常不认为经销商是制造商的代理人。经销商为其自己的利益服务，一般是向制造商购买货物，增加边际利润，然后再将货物转售。与特许经营相比，经销受制造商的控制较少。制造商提供给经销商的是产品，而提供给特许经营人的是整套的销售包装、业务经营培训和生产线。下面这个合同纯粹是说明性的。由于经销关系的复杂性，最终合同应该由熟悉双方所在国法律的律师来审核。

合同样本：经销合同

在【日期】，本合同由（制造商的）【名字】、【详细地址】、【请注明，例如，个人或实体类型以及国籍或合同订立地点】，以及（经销商的）【名字】、【详细地址】、【请注明，例如，个人或实体类型以及国籍或合同订立地点】共同订立。

注释：合同对在此条款中确认身份的各签字方都有约束力。为了确保不出现误会，合同中应写明当事人的全名和经营地址。如果一方是实体公司、合伙企业、法人、有限责任公司或其他，应在合同中注明其类型。在国际合同中，还需包含对当事人的国籍说明。例如："在法国法律下组建并存续的公司"、"在美国加利福尼亚州法律下组建并存续的合伙制企业”或“新加坡公民”。

□ 序言

A. 各方承认制造商生产并销售【描述货物或合同附件的最新产品清单上列示的货物】，而且将来会研发并制造另外有相似功能的货物。

B. 制造商想指定经销商为【州和/或国家】（指定区域）的独家或专营经销商。

C. 经销商希望成为指定区域内制造商货物的独家经销商。

注释：序言是初步条款，对各方意图进行了说明，有时也给出合同所用术语例如货物的定义。

因此，各方当事人达成以下一致意见：

□ 合同

1. 任命（APPOINTMENT）。制造商指定经销商成为其在指定区域内转售、租赁或出租货物的独家经销商，并且经销商接受任命。

注释：独家经销权使经销商受益，通常在市场相对较小时才授予此权利。对于较大市场，公司会考虑授予非独家经销权或在特定较小区域内授予独家经销权，这考虑了充分的市场渗透力，尽管同时也阻止了销售相同货物的不同经销商之间的竞争。一旦制造商授予了独家经销权，就不应该再为自己保留任何销售权利，因为那样会减少经销商的销售额。如果当地经销商成功获得了独家经销权，制造商就能获得最佳利益，因为海外销售中固有的额外经常费用支出使直接销售很可能获利较少。

2. 合同期限（TERM OF AGREEMENT）。本合同在最后一名当事人签字当天开始生效且在【数字】年之后合同到期，除非因本合同规定的条件提前终止。在本合同期满时，各方可商议续展或延长有效期，假设那时经销商完全按合同行事。

注释：较之销售代表的任命，经销权是更大程度上的承诺。正因如此，应规定有合理的期限以便经销商培植出商业盈利空间。在市场经过预先测试之前不应设立此合同类型，不推荐建立几个月的“试经销”合同。你可以达成无限期合同，在任一方提前通知另一方后即可按意愿终止合同，但是达成这种类型的合同应十分小心。在一些国家，无期限经销权会被视为建立了一种代理关系，结果会让制造商服从代理法，例如，某些法律条文对代理关系的终止有严格的规定，只能因特定原因并只有对重要的一揽子拆分计划进行支付后才可终止。

3. 当事人之间的关系（RELATIONSHIP OF THE PARTIES）。双方承认且同意经销商不同于且独立于制造商。这个合同不应被理解为创立了雇佣关系、合作关系、联合经营、信托关系或其他类似关系。任何一方都不会为另一方的债务或义务负责，而且任何一方都没有权利要求另一方服从任何其他合同。经销商可自由雇用员工或聘请独立合同人，制造商无权进行限制、解雇或雇用。确保在【国家】经营业务时满足当地全部法律要求是经销商的责任。负责支付在【国家】因销售产生的全部税费也是经销商的责任。制造商对经销商在货物转售、租赁或出租中产生的货物损失、索赔或其他责任不负有赔偿和投保责任。

注释：经销商与制造商相分离，其地位应该在合同中明确说明。不过，一些司法权会用与对待雇员和销售代理相似的方式来对待经销商。有一个潜在的可能是，不管合同中是否包含保护性条款，制造商都必须遵循劳动法中对利益和终止的规定。

4. 经销商的责任（OBLIGATIONS OF DISTRIBUTOR）。经销商会做以下事情：

a. 经销商会在指定区域内向消费者大力宣传、销售、租赁、出租以及处理这些从制造商处购买并售卖给消费者的产品。

b. 经销商会在指定区域内慎重选择使用不同的销售策略，包括编制目录、邮寄订购、电话订购和电子商务。

c. 经销商会在指定区域内的选中地点至少开一家零售店，以进行货物的销售、租赁和出租。此店必须在本合同生效后【数字】天内开业。此区域内其他零售店的开业只取决于经销商的决定。

d. 经销商不会销售、租赁或出租由其他制造商制造的货物、商品或零件，以及与制造商货物功能相同、易混淆或看起来相似的货物。

e. 经销商不会把制造商的货物销售给主要从事销售、租赁或出租与制造商货物相同、易混淆或看起来相似货物的其他公司。

f. 经销商负责支付所有的业务运营费，包括所有税费、劳务费和经营活动中产生的罚金。

g. 经销商负责获取并保存所有进口许可证、运输许可证和经营许可证，以及在经销商国家进口、运输、储存和销售货物所要求的其他类似许可证。经销商也负责向制造商提供把货物进口和运输到经销商目的地所要求的全部票据。如果经销商未能在制造商交货日期之内把上述票据提供给制造商，由经销商引起的任何交货延误将不会被认为是制造商违约。

注释：除非公司同意这种销售，在很多标准合同中都包含禁止销售竞争性产品的条款。建议把非竞争性条款看成一个绝对的禁令，除非公司确实有理由授权这种竞争性销售，而这几乎是不可能的。非竞争性条款必须仅限于竞争性货物销售使用而并不是所有的货物销售。很多司法辖区都不会执行禁止独立经营者销售非竞争产品的合同。另外，你会发现，在一些国家应该取消非竞争性条款，因为那里只有少数几家进口和销售全部产品的实体公司（通常由政府经营）及专门经营特定种类商品，如化妆品系列产品或建筑用品的经销商。如果你想让自己的产品在零售店货架上快速立足，专营经销商可以协助你实现。

5. 制造商的责任（OBLIGATIONS OF MANUFACTURER）。

a. 除了由于经销商失误或出现合同规定的不可能情况而造成交货延误之外，制造商将在【数字】天内把经销商订购的货物交付经销商。

b. 制造商将把所订购的货物运到指定区域内经销商的指定地点交货，假设经销商已履行其进口义务。制造商负责在交货期内获取所有出口许可证和检验证明并满足所有出口要求。

c. 如果制造商因故中止任何货物的生产，制造商将立即通知经销商并在生产中止后的合理时间内继续为中止生产且已销售给经销商的货物提供备用零件和服务。

d. 制造商不会把任何货物销售给指定区域内除经销商之外的任何从事销售、转售、租赁或出租与制造商货物相同、易混淆或看起来相似产品的个人或实体。

e. 制造商不会把任何货物销售给指定区域内除经销商之外的任何个人或实体用于直接使用。

f. 制造商会将获得或收到的指定区域内有关货物潜在客户的所有线索、潜在客户顾客及相似信息立即通知经销商。

g. 制造商会提供货物的建议零售价、租赁价和出租价的清单，但是这些价格对经销商无约束力。

h. 制造商会为经销商及其员工提供有关货物使用、运转、维护和维修方面的培训和技术援助。

i. 制造商应坚持一套广告程序，以在行业内和公众间树立高质量产品形象和美誉。

j. 制造商会根据经销商的需要为其提供销售材料和技术说明书。

注释：假如制造商不再有现成的特定产品，在试图阻止合同违约责任上，此条款给予制造商一定的灵活性。实际上，大多数商品几乎无法在漫长的一段时间内持续获取——因为在不远的将来总会有新的改良版本出现。合同应考虑到惯例，否则各方将会因替代过时的商品而不断修改合同或订立新合同。由于有可能触犯反垄断法，所以在规定“建议零售价格清单”时一定要谨慎。应该清楚此清单仅有建议性指导作用（避免使用“推荐”这个词，其暗示着较强的命令而不是建议）。

6. 货物订单（ORDERS OF GOODS）。双方同意经销商按以下要求订货：

a. 初始订单。在合同生效后【数字】天内，经销商应该发出全额购买价不少于【币种和金额】的货物原始订单。按照合同规定，制造商交付货物且经销商支付货款。货物的最初购买价格是【指定每单位的币种和金额或按合同附件最新产品清单的说明】。

b. 后续最低限度的订单。为了维持指定区域内的独家经销权，在初始订单之后经销商必须至少按以下规定的时间和数量订购货物：

ⅰ. 在合同生效日期之后的第一个【数字】个月的期限内，要订立总价至少为【币种和金额】的一个或多个订单。

ⅱ. 在合同生效日期之后的第二个【数字】个月的期限内，至少每【几个月】订立一个总价至少为【币种和金额】的订单直到合同终止。

ⅲ. 在合同生效日期之后的第三个【数字】个月的期限内，至少每【几个月】订立一个总价至少为【币种和金额】的订单直到合同终止。

ⅳ. 在合同生效日期之后的第四个【数字】个月的期限内，至少每【几个月】订立一个总价至少为【币种和金额】的订单直到合同终止。

ⅴ. 在合同生效日期之后的每一个后续【数字】个月的期限内，至少要订立一个总价至少为【币种和金额】的订单直到合同终止。

c. 不可抗力。如果由于经销商无法控制的某些原因导致指定区域内货物的市场需求下降，使合同规定数额的经销商货物订单不再有商业可行性，只要这种情况继续，最低限度订单要求就不再适用。

注释：在订立独家经销合同时规定最低限度订单要求，是明智的做法。如果经销商未能按照最低限度要求下订单，制造商可将经销权指派给同一指定区域内的另一人。不过，不能仅因经销商无法控制的事件造成其未能遵守最低限度订单要求，而惩罚经销商，因此当货物不具有商业可行性时，应撤销最低限度订单要求。

7. 价格条款和支付条款（PRICES AND PAYMENT TERMS）。制造商就所有最新产品清单上列示的货物向经销商收取此清单上列示的相应价格，直到制造商决定更改价格。制造商保留了更改货物价格的权利，在价格更改的情况下，制造商会立即向经销商提供一份新价格清单。货物价格不包括单独向经销商收取的运输费、保险费或进口关税收费。制造商负责支付出口许可证费用及办理手续费。如果经销商在制造商通知其价格变更前寄出订单，制造商将认为变更前的价格对此订单有效。已交付经销商的所有货物的货款要在交货后【数字】天内以现金支付。经销商在货物发票日期后【数字】天内支付货款就有资格获得货款百分之【数字】的优惠折扣。

注释：假设通过建立更复杂的独家经销关系来表示信任对方。双方因此可选用不太安全的支付方式。不过，情况并不总是这样，你可能要求货到付款或至少在下单时要求部分支付。在合同中包含一个优惠条款作为提前付款的激励措施，一直以来都是明智之举。

8. 冻结外汇的支付方式（PAYMENT METHOD FOR BLOCKED EXCHANGE）。如果任一方国家限制向另一方国家汇出资金，制造商指示经销商将一定金额以制造商的名义存入经销商国家的银行。此账户必须在制造商选中的银行开户。当经销商把说明存款情况的文件提交给制造商时，制造商会给经销商开收据。

注释：如果双方国家间存在任何潜在的不和谐因素，规定一种支付方式以防止一国政府在制造商已转运货物但尚未收到货款之前限制金融交易，是明智之举。这个条款提出一种保证支付的方式——至少在此限制废除时所接手的账户仍原封未动。

9. 担保（WARRANTIES）。制造商为售出的每件货物向经销商提供与给客户提供的相同的有限质量担保。经销商必须把制造商的产品质量担保提供给任何向其购买货物的客户。禁止经销商修改制造商担保的任何条款。制造商会立即维修或替换任何失灵、未成功运行或其他有缺陷但仍在担保范围内的货物，而不管此时是经销商还是经销商的客户拥有货物。

注释：制造商通常会延长担保期限，尤其在海外市场中。客户服务和卖方责任是十分重要的营销特点。如果大众买方认为客户服务应该是针对个人的且快速的，他们会首选当地产品。为了增加市场份额，要为进口货物提供比当地货物更好的服务。担保就是这样一种方式。制造商可以同意为货物的适用性和货物质量提供延期担保、限期担保或不提供担保，应在合同中准确说明担保条款。一些国家的法律会默认担保，除非卖方明确否认。《联合国国际货物销售合同公约》也会默认担保。

10. 免责（INDEMNITIES）。双方同意以下相互免责条款：

a. 对于经销商从事、经营和执行合同中发生的一人或多人受伤或死亡以及财产损坏或损失而导致的所有索赔和损害赔偿，经销商会保护制造商免于承担责任、不受其影响和伤害。

b. 除了经销商引起的或其他在经销商从事、经营和执行合同中出现的索赔和损害赔偿之外，对于因任何货物本身缺陷、失灵或故障而产生的所有索赔和损害赔偿，制造商会保护经销商免于承担责任、不受其影响和伤害。在全部合同期内，制造商将为销售给经销商的所有货物投保产品责任险，在投保总额限度内每次事故至少承担【币种和金额】，这种保险指定经销商为附加被保险人。

注释：免责条款是可选条款。在国际合同中，制造商有时同意保护经销商免受具体原因产生的损害赔偿，例如设计瑕疵或生产缺陷，以鼓励经销商在新市场上推出该产品。产品责任保险并不是在所有的司法辖区内都能获得，所以制造商应确定咨询了有关此保险的建议。延长保期是经销商的自愿行为——毕竟，瑕疵或设计缺陷是制造商的责任而不是销售人的责任。通常情况下，欠发达国家的经销商不能获得产品责任保险。

11. 知识产权（INTELLECTUAL PROPERTY RIGHTS）。各方同意如下内容：

a. 制造商拥有所有涉及货物商标、名称、设计、专利和商业秘密方面（知识财产）的宝贵财产权利。这些权利都不会赋予经销商。经销商不能有拥有制造商知识财产权利的表现，也不能将制造商的名称用作自己名称中的任何部分。知识财产的所有权始终归制造商所有。

b. 授予经销商使用制造商知识财产的权利以从事货物经销以及货物转售、租赁和出租，但经销商无权将制造商的知识财产用于其他目的。

c. 所有的广告、促销材料、报价单、发票、标签、集装箱以及货物使用的其他材料中都必须包括一份公告，声明制造商拥有与货物有关的知识产权且经销商是授权贸易商或货物经销商。

d. 禁止经销商以任何形式改变用于货物的制造商的知识财产。所有的细节、颜色和设计都必须完全与制造商的规定一致。

e. 经销商只能以转售、租赁或出租的方式使用制造商的知识财产相关货物。禁止经销商将制造商的知识财产用于非此制造商提供的任何产品上。

f. 经销商不会复制或试图复制任何货物，不会允许他人出于复制目的得到货物，也不会制作或销售任何与货物易混淆或看起来相似的产品。

g. 经销商保证不做任何危害或削弱制造商知识产权注册的事情。经销商不会试图改变或取消任何知识产权的注册，也不会在这些方面帮助其他人。

h. 对这整个章节的违背会导致合同立即终止。而且双方均同意，对这个章节的违背将导致对制造商声誉、名望和知识产权的削弱和毁损，并产生重大损害赔偿。由于衡量无形权利的困难，对这些损害赔偿进行衡量是不切实际的或不可能衡量的，因此双方均同意，如果经销商违反了这一章节，制造商有权获得经销商的违约金，其数额为受到违约影响的产品的列示在最新产品清单中价格的百分之【数字】。

注释：决不要低估知识产权的价值。制造商的声誉和名望与产品的名称和产品标识相联系，货物的独特性通过专利和设计注册得到保护。外商知道这些财产权利的价值——这就是为什么侵权是一笔大买卖。不管产品是你自己合法生产的还是被非法复制的，是你的声誉卖出了这些产品。如果你没有保护好自己的知识产权，你所损失的不只是销售额，还有这项财产的专有权。这个条款自身并无效力。你应该确保商标、服务标识、专利和其他知识产权都已经在经销商国家注册，而且你需要建立一个体系来监测商标在那个国家的使用情况。

12. 转让（ASSIGNMENT）。没有事先取得另一方的书面同意，任何一方当事人都不能签署转让协议。没有谁会无理拒绝许可。制造商可因为下列任何一种理由拒绝同意：当请求同意时，经销商未履行合同规定义务；所推荐的受让人没有经济能力履行受托人剩余的合同义务；所推荐的受让人拒绝承担经销商所有剩余的合同义务或者在请求同意时，所推荐的受让人未能满足制造商对新经销商的标准。

注释：服务合同的各方根据彼此的特性订立合同。把合同规定义务转让的一方将把另一方留给一个陌生的合伙人。通常情况下，无法做到禁止所有的转让，但是通过要求任何转让都应事先取得自己同意，当事人可保护自己。

13. 独家经销权的终止（TERMINATION OF EXCLUSIVE DISTRIBUTION RIGHTS）。如果经销商未能订立并支付合同规定的最低限度订单量，并且经销商的失败不能由合同中规定的经销商不可控因素来解释或证明，那么制造商唯一的补救方法就是终止其在指定区域内的独家经销权。只有在制造商提前【数字】天寄给经销商履约失败及有意终止独家经销权的书面通知后，制造商才可终止独家经销权。如果经销商在通知期限内纠正失误，经销商的专有权不会终止。专有权的终止不会自动终止合同。不管经销商是否有独家经销权，只要经销商没有违反合同中的其他条款，此合同就将保持完全效力，但有以下更改：经销商在指定区域内没有独家经销权，制造商没有义务制止销售或吸引其他人在指定区域内销售货物或者向经销商推荐潜在顾客。

14. 制造商导致合同终止（TERMINATION OF AGREEMENT BY MANUFACTURER）。制造商可终止合同而不影响其通过法律寻求的其他补救方法，如下所示：

a. 如果出现以下情况立即通知经销商：

ⅰ. 经销商自愿或非自愿地被宣告破产；

ⅱ. 经销商同意可在【数字】天或多天内凑齐任何判决所要求支付的金额；

ⅲ. 经销商无清偿能力或一位破产管理人被指定来清理经销商的财产；

ⅳ. 经销商为了债权人的利益而转让其权利或财产；

ⅴ. 经销商开始进行诉讼或处理诉讼，以进行财务及业务重组。

b. 除最低限度订单要求外，如果经销商履约失误，在给经销商发出提前书面通知和纠正失误的要求【数字】天后，假设经销商在通知期限内纠正失误，则此通知不会生效。

注释：商业合同中的惯例允许几种不同的方式终止合同，取决于所处的境况。对于一些情况来说，立即终止合同是有保证的，而对于其他情况来说，过错方被允许纠正错误。使用通知时，没有必要为终止合同而列出每一个可能的理由，因为你一定会漏掉些原因从而将自己限制在所列出理由内。在决定哪些事件会赋予终止合同的权利时，重要的是研究双方国家的法律。你的合同终止权可能受到保护性法律的限制。同样，应该避免使用术语，例如“重大”责任失误，因为这种术语是含糊的。当事人应该注明某些不会成为合同终止理由的失误，例如只延迟了5天付款。

15. 经销商导致合同终止（TERMINATION OF AGREEMENT BY DISTRIBUTOR）。经销商可终止合同而不影响其通过法律寻求的其他补救方法，如下所示：

a. 如果出现以下情况立即通知制造商：

ⅰ. 制造商自愿或非自愿地被宣告破产；

ⅱ. 制造商无清偿能力或者一位破产管理人被指定来清理制造商的财产；

ⅲ. 制造商为了债权人的利益而转让其权利或财产；

ⅳ. 制造商开始进行诉讼或处理诉讼，以进行财务及业务重组。

b. 除最低限度订单要求外，如果制造商履约失误，在给制造商发出提前书面通知和纠正失误的要求【数字】天后，假设制造商在通知期限内纠正失误，则此通知不会生效。

注释：一般来说，最好的方式是为双方提供相同或相似的终止权。法庭通常允许相互的权利——如果一方有某种权利，意味着对方也有同样的权利。为了说明双方都有合同终止权，合同通常包括两个单独条款分别说明各方权利。

16. 合同终止时的产品回购（REPURCHASE OF PRODUCTS ON TERMINATION）。如果此合同不因任何原因而终止，制造商可以但没必要回购这些经销商还未转售出去的货物。假设货物是新的且可转售，制造商将按经销商的成本价回购货物，不包含任何装运费、运输费、过关费或存储费。如果制造商未回购货物，经销商只负责货物的处理，且其采用的处理方式既不会侵犯制造商的知识产权，也不会干扰制造商的商誉。经销商会把自己拥有的出现了制造商知识财产的全部材料退还制造商或自行销毁。

注释：此条款允许制造商选择回购货物。没有必要[①]非要回购货物，但在找到另一经销商之前，此条款的选择比雇用经销人员更具成本—收益性。在任何情况下，制造商应在合同终止方面保护自己的知识产权。

17. 补救方法（REMEDIES）。双方承认打算建立互惠关系，为达到这个目的，将通过友好谈判来努力解决双方的所有分歧。不过，如果产生了无法解决的纠纷，双方将把争议提交【仲裁委员会的名称】进行仲裁。任何仲裁的裁决或决定都是最终决定、不可上诉而且具有决定性，可以提交给司法管辖区的法

---

① 原文为 there is no need to not，依据语境，此处应为 there is no need to。——译者注

院来作出判决。这个条款不会限制制造商追索侵犯其知识财产专有权的任何其他可得补偿。

注释： 如果在经销商所在国[①]可进行仲裁，那么可选仲裁作为解决纠纷的方式之一。不过，在规定仲裁条款时你应该十分小心，因为并不是所有国家都有易于获得的仲裁体制。而且仲裁是对抗性的，与谈判及和解相比，通常会花费更多的成本和时间，尽管仲裁一般来说比法律诉讼花费的成本和时间要少。在一些文化中，仲裁与法院程序有相同的臭名，二者都被人们以怀疑的态度审视并被视为对个人的羞辱。

18. 修改（MODIFICATION）。 仅当双方以书面形式共同签署时方可修改协议。

注释： 要一直坚持书面更改，以避免任何已达成一致的问题产生后续问题。法庭不采纳对明确且清晰的合同条款进行改变的口头修改证据。

19. 通知（NOTICES）。 按照此合同要求发出的所有通知都必须按照合同中规定的地址以书面形式寄送给另一方。在地址更改生效后【数字】天内，一方必须通知另一方地址变更。被认定的通知交付日为通知签收日。

注释： 添加通知条款通常是明智之举，可确保双方寄发通知的程序。这个条款可以阻止随后因通知构成发生争议。

20. 执行中的放弃和延误（WAIVERS AND DELAYS OF PERFORMANCE）。 在当事人寻求违约补救方法或要求严格遵守合同的权利方面，任何一方都不会放弃此协议中任何相关的合同条款，这仅因为当事人已经放弃了对另一方一次或多次违约行为的追究；当事人未能成功执行、拒绝执行或疏忽了合同赋予的任何权利、权力或此合同赋予的选择，或者当事人没有坚持严格遵守合同规定。

21. 同意条款（TERMS OF AGREEMENT）。 双方已经执行此合同以证实其意图受合同条款约束。双方宣布此合同构成完整的协议并取代先前所有的协商、理解和陈述。各方都受鼓励且有机会获得独立专家的意见，包括律师和会计师，而且每一方都已作出独立决定来承担合同规定的责任。如果合同中有任何一个条款被视为不能执行或失效，可通过修改使其生效且可执行。如果不能修改，视此条款为已删除，而合同中的剩余条款仍然保持全部有效。

注释： 这个标准合同条款很重要，几乎不应从合同中删除。它提供了构建合同所需的基本意向，即相互理解和目的。这些条款在国际合同中更重要，因为考虑到例如语言、文化、环境以及缺乏经验等无形障碍，各方当事人对合同

---

① 原文为 representative's country（销售代表所在国），而依据语境，此处应为 distributor's country（经销商所在国）。——译者注

条款的理解事实上可能非常不一致。

每一方当事人都承认，他/她已经阅读并理解了本合同的条款，并在下面相应签字。

【公司名称】

经销商

【签名】

【签名人的姓名和头衔】

【公司名称】

制造商

【签名】

【签名人的姓名和头衔】

第 20 章

寄售合同

在寄售合同中，产品所有者给予销售产品的另一方占有产品的权利。销售方会保留所有者（寄售人）的财产，直到货物出售。货物所有权从不传递给货物销售人（承销人）。产品卖不出去的风险会留给寄售人，因为未售出或过时的产品通常可退货。因此，寄售合同不同于经销合同，在经销合同中货物由经销商购买并转售，也不同于销售代表合同，在销售代表合同中由销售代理来代表制造商销售货物，但货物通常直接从制造商处运到顾客所在地（因此销售代表从来没有占有过货物）。

合同样本：寄售合同

在【日期】，本合同由（制造商的）【名字】、【详细地址】、【个人或实体类型以及国籍或合同订立地点】，以及（承销人的）【名字】、【详细地址】、【个人或实体类型以及国籍或合同订立地点】共同订立。

注释：合同对在此条款中确认身份的各签字方都有约束力。为了确保不出现误会，在合同中应写明当事人的全名和经营地址。如果一方是实体公司（合伙企业、法人、有限责任公司或其他），应在合同中注明其种类。在国际合同中，还需包含对各方国籍的说明。例如："在法国法律下组织并存续的公司"、

“在美国加利福尼亚州法律下组织并存续的合伙制企业”或者“新加坡公民”。

□ 序言

A. 各方承认制造商生产并销售【描述货物或作为合同附件的最新产品清单上列示的货物】，和日后还会生产的与现有产品性质和类型相似的产品。

B. 为了储存和销售货物，作为制造商的授权代表，承销人请求按照寄售协议从制造商手中接货。

C. 制造商希望按照合同的条款和条件向作为【州和/或国家】（指定区域）授权代表的承销人提供货物。

注释：序言是初步条款，对各方意图进行了说明，有时也给出合同所用术语例如货物的定义。

因此，各方当事人达成以下一致意见：

□ 合同

1. 当事人之间的关系（RELATIONSHIP OF THE PARTIES）。制造商同意按合同规定向承销人提供货物，同时承销人同意在指定区域内销售货物。双方的合同在指定区域内【是/不是】唯一的。双方承认且同意承销人与制造商是分开的且独立于制造商。这个合同不能被理解为创立了雇佣关系、合作关系、联合经营、信托关系或其他类似关系。任何一方都不会为对方的债务或义务负责。寄售人可以自由雇用或聘请任何员工或独立合同人，制造商无权进行限制、解雇或雇用。确保在【国家】经营业务时满足全部当地法律要求是承销人的责任。负责支付在【国家】因销售货物产生的全部税费也是承销人的责任。制造商对承销人在货物销售中产生的货物损失、索赔或其他责任不负有赔偿和投保责任。

注释：专营权对承销人有益，尤其在相对较小的市场里会得到保证。此条款也可修改为规定专营权，这样制造商就无权在那里销售货物，不管是通过自己的努力还是通过其他代表。如果规定了专营权，应该与经销合同义务相似，在合同剩余条款中增加额外条款，例如禁止制造商将货物销售给其他人，以及要求制造商把潜在客户推荐给承销人。应该在合同中特别明确地说明承销人与制造商相分离的地位。不过，一些司法权会用类似方式，像对待雇员和代理那样对待承销人。潜在的可能是制造商必须遵循劳动法中对利益和终止的规定，而不考虑在合同中包含保护性条款的努力。

2. 合同期（TERM OF AGREEMENT）。本合同在最后一名当事人签字当天始生效，在【数字】年之后合同到期，除非因本合同规定的条件提前终止。在本合同期满时，各方可以商议续展或延长有效期，假设那时承销人完全按照合同行事。

注释：你可以达成无限期合同，仅在任一方提前通知另一方后即可按意愿终止。但是，你在订立这种类型的合同时应该十分小心。在一些国家，无期限寄售合同会被视为创立了一种代理关系，结果会要求制造商服从代理法，例如，某些法律条文对代理关系的终止有严格的规定，只能因特定原因且对重要的一揽子拆分计划进行支付后才可终止。

3. 订货单（STOCK ORDERS）。承销人用制造商提供的表格提交所有的订货单，指出希望收到的制造商货物的种类和数量。在发出初始订货单之后，承销人将在不迟于每个月的第【数字】天提交订货单再次订购上月所售货物的种类和数量。每个订货单都要获得制造商的最后批准。制造商会审核承销人提交的每个订货单，并在收到订单后【数字】天内予以批准或进行修改。制造商要慎重考虑对订购货物种类和数量作出改变。如果作出了更改，直到制造商给承销人发出更改订单的书面或口头通知并收到承销人的书面或口头确认之后，制造商才会装运这些货物。

注释：考虑到海外通信和运输中固有的延误，此条款中规定的月周转期可能不实际。在商议订购期时要考虑货物运到承销人国家的标准通信工具和运送时间。

4. 交货条款（DELIVERY TERMS）。除了由于承销人的过失或出现合同规定的不可能交货情况造成交货延误之外，制造商将在【数字】天内把已批准订货单中的所有货物交付承销人。制造商会把货物运到指定区域内承销人指定的地点交货。除了承销人必须获得的进口必需的许可证和承销人国家所要求的其他执照或许可证之外，制造商在交货期内要负责获取所有出口许可证和检验证明并满足所有进出口要求。

注释：制造商通常同意承担寄售合同中的大部分出口和进口费用，因为直到货物卖给消费者，货物一直属于制造商所有。承销人仅获得交易达成价格中相对较小的比率。如果要承销人负责支付装运、运输和进口费用，这个比重就应该增加，否则承销人可能没有足够的利润和动力来订立合同。

5. 货物的所有权（TITLE TO GOODS）。按照协议交付给承销人的所有货物都受寄售合同约束。货物始终处于制造商的所有、管理和控制之下，直到销售给顾客。承销人在任何时候都不会获得货物所有权，货物所有权会直接由制造商转移给消费者。

6. 价格条款（PRICE TERMS）。制造商会时不时提供货物零售价格清单。制造商保留了更改任何货物价格的权利。授权承销人只能按最近收到制造商零售价格清单中列示的价格或按其授权范围内高于此价格的价格销售。如果指定区域对货物的市场需求由于某些承销人无法控制的原因下降，以至于承销人对合同规定数额货物订单的完成不再有商业可行性，那么只要这种情况继续，最低限度订单要求就不再适用。

注释：在寄售合同中，制造商可提供强制价格清单而并不违背反垄断法和限价法，因为这些货物仍然属于制造商，所以等于仍是由制造商销售货物。

7. 支付条款（PAYMENT TERMS）。除了初始订货外，其他每次订货都要同时付清上月售出货物的全部货款，并减去承销人在交易中的适当折扣比例。允许承销人获得【请注明，例如，最新产品清单上规定的或每种货物售出（数量）金额的】折扣。如果承销人销售货物的价格超过制造商价格，除了平常的折扣外，承销人还有资格获得超出额一半的折扣。如果任何一方国家限制给另一方国家汇出资金，制造商指示承销人将一定金额以制造商的名义存入承销人国家的银行。此账户必须在制造商选中的银行开立。当承销人把存款情况的说明文件递交给制造商时，制造商会给承销人开收据。

注释：假设你可以通过建立寄售合同信任对方。因此，双方可同意选用不太安全的支付方式。协议要求承销人在货物售出当月的月底支付货款。双方发现，由于国际交易存在内在延误，30天周转期对货款支付、提交报告和下订单来说不现实。在设定周转期时，你也应该考虑到承销人市场的销售率。如果双方国家之间存在任何潜在的不和谐因素，明智之举是要规定一种支付方式以防止一国政府在制造商已转运货物但尚未收到货款之前实施限制金融交易的措施。这个条款提出一种保证支付的方式——至少一旦限制被废除时，可认为账户原封未动。

8. 存货报告单（INVENTORY REPORTS）。在承销人发送订货单的同时也应提交一份月度报告，说明上月所售货物的种类和数量。这个报告必须用制造商指定的格式书写。每【数字】月或在制造商要求的任何时候，承销人必须向制造商提交一份寄售仓库中所有剩余货物的完整存货清单。如果制造商要求，必须由制造商的代表提取或按其指示提取存货，在这种情况下，与制造商代表有关的费用由制造商支付。

9. 承销人的其他责任（ADDITIONAL OBLIGATIONS OF CONSIGNEE）。承销人同意下列条款：

a. 承销人在指定区域内会向消费者大力宣传和销售这些货物。在指定区域内，承销人会慎重选择使用不同的销售策略，包括零售商店、编制目录、邮寄订购、电话订购和电子商务。

b. 承销人不会经营其他非此制造商制造的货物、商品或零件，以及与此制造商货物功能相同、易混淆或看起来相似的货物。

c. 承销人不会把制造商的货物销售给主要从事销售、租赁或出租与制造商货物相同、易混淆或看起来相似的货物的其他公司。

d. 承销人负责支付所有的业务运营费用，包括所有税费、劳务费和经营活动中产生的罚金。

e. 承销人负责获取并保存所有进口许可证、运输许可证、经营许可证，以及其他进口、运输、储存和在承销人国家销售货物所要求的类似许可证。承销人也负责给制造商提供把货物进口和运输到承销人目的地所要求的全部票据。如果承销人不能在制造商交货日期之内把上述票据提供给制造商，由承销人引起的任何交货延误将不会被认为制造商违约。

注释：除非公司同意这种销售，在很多标准合同中都包含禁止销售竞争性产品的条款。建议把非竞争性条款看做绝对禁令，除非公司确实有理由授权这种竞争性销售，而这几乎是不可能的。非竞争性条款必须仅限于竞争性货物销售使用，而并不是所有货物销售。很多司法辖区都不会执行禁止独立经营者销售非竞争产品的合同。另外，你会发现，应该取消一些国家的非竞争性条款，因为那里只有少数进口和销售产品的实体公司（通常由政府经营）或专门经营特定种类商品的进口商，例如化妆品生产线或建筑用品。如果你想让自己的产品在零售店货架上快速立足，答案就是专营进口商。

10. 制造商的其他责任（ADDITIONAL OBLIGATIONS OF MANUFACTURER）。制造商根据承销人的需要为其提供货物的销售资料和技术说明书。

11. 遗失风险（RISK OF LOSS）。承销人承担所有寄售货物的全部遗失风险。承销人将按销售价赔偿所有受损害、毁坏或被盗的寄售货物。

注释：此条款将遗失风险置于承销人一方，即使货物的所有权仍归属于制造商。此条款的目的是激励承销人谨慎经营企业并避免引发损失。实际上，这个条款在一些国家会变得过于烦琐，尤其是在保险范围有限或不能获得保险的国家。因此，此条款是谈判的核心点之一。

12. 担保（WARRANTIES）。制造商会为每件售出的货物提供有限担保。承销人必须向购买任何货物的每个客户提供制造商的产品质量担保。禁止承销人修改制造商担保中的任何条款。制造商将立即维修或替换任何失灵、未成功运行或其他有缺陷但仍在担保范围内的货物，而不管此时是承销人还是寄售人占有货物。

注释：制造商通常会延长担保期限，尤其在海外市场中。客户服务和卖方责任是十分重要的营销特点。如果买方大众认为客户服务应该是针对个人且应快速，他们会首选当地产品。为了增加市场份额，就要为进口货物提供比当地货物更好的服务。担保就是这样一种方式。制造商可同意为货物适合性和货物质量提供延期担保、限期担保或不提供担保，应在合同中明确说明担保条款。一些国家的法律会默认担保，除非卖方明确否认。《联合国国际货物销售合同公约》也会产生默认担保。

13. 免责（INDEMNITIES）。双方同意以下相互免责条款：

a. 对于因承销人从事、经营和执行合同造成一人或多人受伤或死亡以及财产损坏或损失而导致的所有索赔和损害赔偿，承销人会保护制造商免于承担责任、不受其影响和伤害。

b. 除了由承销人或其他因承销人从事、经营和执行合同造成的索赔和损害赔偿之外，对于因任何货物本身的缺陷、失灵或故障而产生的所有索赔和损害赔偿，制造商会保护承销人免于承担责任、不受其影响和伤害。在全部合同期内，制造商将为销售给承销人的所有货物投保产品责任险，在投保总额限度内每次交货至少承担【币种和金额】，这种保险指定承销人为附加被保险人。

注释：免责条款是可选的。在国际合同中，制造商有时同意保护承销人免受具体原因造成的损害赔偿，例如设计瑕疵或生产缺陷，以鼓励承销人在新市场上推出该产品。产品责任保险并不是在所有的司法辖区内都能获得，所以制造商一定要向专业人员咨询这种保险的建议。延长保期是承销人的自愿行为——毕竟，瑕疵或设计缺陷是制造商的责任而不是销售人的责任。通常情况下，欠发达国家的承销人不能够获得产品责任保险。

14. 知识产权（INTELLECTUAL PROPERTY RIGHTS）。各方当事人同意如下内容：

a. 制造商拥有所有相关货物的商标、名称、设计、专利和商业秘密方面（知识财产）的宝贵财产权利。这些权利都不会赋予承销人。不允许承销人表现出拥有制造商的知识财产权利的样子，也不允许其将制造商的名称用作自己名称中的一部分。知识财产的所有权始终归制造商所有。

b. 授予承销人使用制造商知识财产的权利，以从事有关货物的分销、转售、租赁和出租方面的事宜，但承销人无权将制造商的知识财产用于其他目的。

c. 所有的广告、促销材料、报价单、发票、标签、集装箱以及货物使用的其他材料中都必须包括一份公告，声明制造商拥有与货物有关的知识产权且承销人是经授权的货物承销人。

d. 禁止承销人以任何方式更改用于货物的制造商知识财产。所有的细节、颜色和设计都必须完全与制造商提供的规定一致。

e. 承销人只能出售使用制造商知识财产的货物。禁止承销人将制造商的知识财产用于非此制造商提供的任何产品上。

f. 承销人不会复制或试图复制任何货物，不会允许他人出于复制目的得到货物，也不会制作或销售任何易与货物混淆或看起来相似的产品。

g. 承销人保证不做任何危害或削弱制造商知识财产注册或所有权的事情。承销人不会试图改变或取消任何知识财产的注册，也不会在这些方面帮助其他人。

h. 对这整个章节的违背会导致合同立即终止。而且双方均同意，对这个章节的违背会导致对制造商声誉、名望和知识财产的削弱和毁损，并产生重大损害赔偿。由于衡量无形权利的困难，对这些损害赔偿进行衡量是不切实际的或不可能衡量的，因此双方均同意，如果承销人违反了这一章节，制造商有权获得承销人的违约金，其数额为受到违规影响的每件产品按列示在最新产品清单上价格的百分之【数字】收取。

注释：决不要低估知识产权的价值。制造商的声誉和名望与产品的名称和产品标识相联系，货物的独特性通过专利和设计注册得到保护。外国贸易商知道这些财产权利的价值——这就是为什么侵权是一笔大买卖。不管产品是你自己合法生产的还是被非法复制的，是你的声誉卖出了这些产品。如果你没有保护好自己的知识财产，你所损失的不只是销售额，还有这项财产的专有权。这个条款就其本身没有效力。你应该确保商标、服务标识、专利和其他知识财产都已经在承销人国家注册，而且你需要建立一个体系来监测商标在那个国家的使用情况。

15. 转让（ASSIGNMENT）。没有事先取得另一方的书面同意，任何当事人都不能签署转让协议。没有谁会无理地表示不同意。制造商因为下列任何一种理由可拒绝同意：承销人请求同意时未履行合同规定的义务；所推荐的受让人没有经济能力履行承销人剩余的合同义务；所推荐的受让人拒绝承担承销人所有剩余的合同义务；或者在请求同意时，所推荐的受让人未能满足制造商对新承销人的标准。

注释：个人服务合同的各方根据彼此的特性订立合同。把合同规定义务转让的一方将把另一方留给一个陌生的合伙人。通常情况下，无法做到对所有转让进行禁止，但是当事人可通过要求对任何转让取得事先同意来保护自己。

16. 制造商导致合同终止（TERMINATION OF AGREEMENT BY MANUFACTURER）。通过提前【数字】天将书面通知寄给承销人，制造商可在任何时候以任何理由终止合同。如果承销人破产，指定财产管理人清理承销人财产或者承销人因债权人利益而转让其权利或财产，则合同立即终止而无需任何提前通知，且不影响制造商通过法律条款寻求其他补偿方式。如果承销人在执行合同时出现失误，制造商会提前【数字】天给承销人寄送通知并要求其纠正失误。如果在通知规定期限内承销人未能纠正失误，合同将终止，但如果承销人纠正了失误，终止通知就无效。

注释：商业合同中的惯例允许使用几种不同的方式终止合同，取决于所处的境况。对于一些情况来说，立即终止合同是有保证的，而对于其他情况来说，过错方被允许纠正错误。没有必要在通知中列出每一种可能的合同终止理由，因为你一定会漏掉些原因从而将自己限制在所列出理由内。在决定哪些事件会赋予终止合同的权利时，重要的是研究双方国家的法律。你的合同终止权可能受到保护性法律的限制。同样，应该避免使用术语，例如“重大”责任失误，因为这种术语是含糊的。双方应注明某些不会成为合同终止理由的失误，例如只延迟了5天付款。

17. 承销人导致合同终止（TERMINATION OF AGREEMENT BY DISTRIBUTOR[①]）。通过提前【数字】天将书面通知寄给制造商，以及把所有剩余寄售存货、收回款项以及应收账款返还制造商，承销人可在任何时候以任何原因终止合同。如果制造商破产，指定财产管理人清理制造商财产或者制造商因债权人利益而转让其权利或财产，则合同立即终止而无需任何提前通知，且不影响承销人通过法律条款寻求其他补偿方式。如果制造商在执行合同时出现失误，承销人会提前【数字】天给制造商寄送通知并要求其纠正失误。如果在通知规定期限内制造商未能纠正失误，合同将终止，但如果制造商纠正了失误，终止通知就无效。

注释：一般来说，最好的方式是为双方提供相同或相似的终止权。法庭通常允许相互的权利——如果一方有某种权利，意味着对方也有同样的权利。为了说明双方有合同终止权，合同通常包括两个单独条款分别说明各方权利。

18. 合同终止（TERMINATION OF AGREEMENT）。如果合同终止，承销人拥有的所有寄售货物必须立即退还给制造商，且制造商全额抵免接收。未退回的货物视为损坏、遗失或被盗，且承销人负责按出售价支付此类货物的全额货款。承销人把合同终止之前从销售中获得的所有钱和应付账款都汇给制造商。在制造商收回应收账款之后，应以实际收到的数额为基础向承销人支付适当折扣。

19. 补救方法（REMEDIES）。双方承认打算建立互惠关系，为达到这个目的，将通过友好谈判来努力解决双方的所有分歧。不过，如果产生了无法解决的纠纷，双方将把争议提交【仲裁委员会的名称】进行仲裁。仲裁在【地点】进行，除非双方在提出仲裁时另行同意其他地点。任何仲裁的裁决或决定都是最终决定、不可上诉而且是决定性的，可以提交给司法管辖区的法院来作出判决。这个条款不会限制制造商追索侵犯其知识财产专有权的任何其他可得补偿。

注释：如果在承销人本国可以进行仲裁，可选仲裁作为解决纠纷的方式之一。不过，在规定仲裁条款时你应该十分小心，因为并不是所有国家都有易于获得的仲裁体制。而且仲裁是对抗性的，与谈判及和解相比，通常会花费更多的金钱和时间，尽管一般来说仲裁比法律诉讼花费的金钱和时间要少。在一些文化中，仲裁与法院程序有相同的臭名，二者都被人们以怀疑的态度审视并被视为对个人的羞辱。

---

① 按上下文，此处应为 consignee，故译为“承销人”。——译者注

20. 修改（MODIFICATION）。仅当双方以书面形式共同签署时方可修改协议。

注释：要一直坚持书面更改，以避免任何已达成一致的问题产生后续问题。法庭不采纳对明确且清晰的合同条款进行改变的口头修改证据。

21. 通知（NOTICES）。按照此合同要求发出的所有通知，都必须按照合同中规定的地址，以书面形式寄送给对方。在地址更改生效后【数字】天内，一方必须通知另一方地址变更。被认定的通知交付日为通知签收日。

注释：添加通知条款通常是明智之举，可确保双方寄发通知的程序。这个条款可以阻止随后因通知构成发生的争议。

22. 执行中的放弃和延误（WAIVERS AND DELAYS OF PERFORMANCE）。在当事人寻求违约补救方法的权利或要求严格遵守合同权利方面，任何一方都不会放弃此协议中相关的任何合同条款，这只是因为一方当事人已经放弃了对另一方执行合同中的一次或多次违约行为的追究，当事人未能成功执行、拒绝执行或疏忽任何合同赋予的权利、权力或本合同赋予的选择权，或者当事人没有坚持严格遵守合同规定。

23. 同意条款（TERMS OF AGREEMENT）。制造商和承销人已经执行了此合同以证实其意图受合同条款的约束。双方宣布这个合同构成完整的协议并取代先前所有的协商、理解和陈述。各方都受鼓励且有机会获得独立专家的意见，包括律师和会计师，而且每一方都已作出独立决定来承担合同规定的责任。如果合同中有任何一个条款被视为不能执行或失效，可通过修改使其生效且可执行。如果不能修改，视为此条款已删除，而合同中的剩余条款仍然保持全部效力。

注释：这个标准合同条款很重要，几乎不应从合同中删掉。它提供了构建合同所需的基本意向即相互理解和目的。这些条款在国际合同中更重要，因为考虑到例如语言、文化、环境以及缺乏经验等无形障碍，各方对合同条款的理解事实上可能非常不一致。

【公司名称】

承销人

【签名】

【签名人的姓名和头衔】

【公司名称】

制造商

【签名】

【签名人的姓名和头衔】

第 21 章 许可证协议

许可证协议采取的措施超出了单纯的销售货物。这些协议涉及把知识产权出售给按照许可证协议制造货物的当地当事人。许可证协议在两个重要方面不同于特许经营合同：其一，被许可人销售的货物是自己制造生产的，而特许经营人从制造商处购买货物。其二，特许经营涉及完整的业务结构，而许可证在业务运营方面赋予被许可人更多的自由裁量权。

合同样本：许可证协议

在【日期】，本合同由（许可人的）【名字】、【详细地址】、【个人或实体类型以及国籍或合同订立地点】，以及（被许可人的）【名字】、【详细地址】、【个人或实体类型以及国籍或合同订立地点】共同订立。

注释：合同对签订合同的当事人形成约束，当事人应该是在此条款中确认的当事人。为了确保不出现误会，合同中应写明当事人的全名和经营地址。如果一方当事人是实体公司——合伙企业、法人、有限责任公司或其他，那么应在合同中注明其类型。在国际合同中，还需包含对当事人的国籍说明。例如："在法国法律下组织并存续的公司"、"在美国加利福尼亚州法律下组织并存续的合伙制企业"或者"新加坡公民"。

□ 序言

A. 各方当事人承认许可人对本合同（“知识产权”）附加清单中列出的知识财产拥有专有权。

B. 被许可人想在【州和/或国家】（销售区域）生产并销售带有许可人知识财产的【货物类型】（“货物”）。

注释： 序言是初步条款，说明了各方当事人的意向，有时也说明了合同中所使用术语的定义，例如关于货物的定义。

因此，各方当事人达成以下一致意见：

□ 合同

1. 许可证授予（GRANT OF LICENSE）。 在合同有效期内，许可人授予被许可人许可证和使用知识财产的权利，这些知识财产与被许可人制造并在指定区域内销售的货物有关。

2. 合同期限（TERM OF AGREEMENT）。 本合同在最后一名当事人签字当天始生效，在【数字】年之后合同到期，除非因本合同规定的条件提前终止。在本合同期满时，各方可商议续展或延长有效期，假设那时被许可人完全遵照合同行事。

注释： 许可证涉及对资金和努力的重要承诺，而且规定的合同期限应该有合理的长度以便被许可人培植出有盈利空间的商业。你可以达成无限期合同，仅在任一当事人提前通知对方后即可按意愿终止。但是，你在达成这种类型合同时应该十分小心。在一些国家，无期限许可证会被视为建立了一种代理关系，结果会要求许可人服从代理法，例如，某些法律章程，只因特定原因且只在对重要的一揽子拆分计划进行支付后才严格规定代理关系终止。

3. 知识产权（INTELLECTUAL PROPERTY RIGHTS）。 各方当事人同意如下内容：

a. 许可人是知识财产宝贵产权的拥有者，已经在被许可人国家以及世界上的很多国家注册。许可人已经连续【数字】年在与其产品有关的方面使用知识产权，而且已经为其高质量产品知识产权的广告和营销投入了大量财力，并且已经在全世界贸易行业和公众心中，树立了知识产权的良好声誉和名望。

b. 所授予的许可证仅限于在规定销售区域内使用。任何越界货物销售或者出口都必须另行商议。

c. 被许可人必须留心保护许可人的知识产权，使其免受销售区域内任何货物、服务和广告的侵权或不当使用。对于知识产权侵权信息或知识产权受到侵权威胁的全部信息，被许可人要立即汇报给许可人。

d. 所有的广告、促销材料、报价单、发票、标签、集装箱以及货物使用的或与货物有关的其他材料中，都必须包括一份公告声明许可人拥有知识产权且被许可人是许可人授权的许可证持有人。另外，所有的广告和促销材料的内容以及媒体的选择，都必须首先经过许可人的批准。

e. 禁止被许可人以任何形式改变用于货物的许可人知识产权。所有的细节、颜色和设计都必须完全与许可人提供的一致。

f. 禁止被许可人将知识产权用于合约中未涉及的产品以及未提前得到许可人书面批准的产品。

g. 被许可人不会复制或试图复制任何许可人自己的产品，不会允许他人出于复制目的获取自己的货物或许可人的产品，也不会制造或销售任何与许可人产品易混淆或看起来相似的产品。

h. 被许可人[①]保证不做任何会危害或削弱许可人知识产权注册的事情，除非双方当事人共同努力，确保被许可人注册为销售区域内知识产权的使用者。为此，双方当事人同意完成、签字并提交所有必要文件和协议来完成此注册。被许可人不会试图改变或取消任何知识产权的注册，也不会在这些方面帮助其他人。

i. 如果被许可人在其货物中使用其自有知识产权，那么被许可人的使用不会形成共同权利。被许可人必须利用通过足够的空间和类型差异，将自己的知识产权与许可人的知识产权分离。

j. 对这整个章节的违背会导致合同立即终止。而且双方当事人均同意，对这个章节的违背会导致对许可人声誉、名望和知识产权的削弱和毁损，并产生重大损害赔偿。由于衡量无形权利的困难，对这些损害赔偿进行衡量是不切实际的或不可能衡量的，因此双方当事人均同意，如果被许可人违反了这一章节，那么许可人有权获得针对被许可人的损害赔偿，其数额为受到违规影响的每件被许可人产品所获价格的百分之【数字】。

注释：决不要低估知识产权的价值。许可人的声誉和名誉与其名称和产品标识相联系，而且其货物的独特性通过专利和设计注册得到保护。外国贸易商知道这些财产权利的价值——这就是为什么侵权是一笔大买卖。不管产品是你自己合法生产的还是被非法复制的，你是靠声誉销售产品。如果你没有保护好自己的知识产权，你所损失的不只是销售额，还有财产的专有权。这个条款就其本身没有效力。你应该确保商标、服务标识、专利和其他知识产权都已经在

① 原文是 licensor（许可人），但根据上下文含义应为 licensee（被许可人）。——译者注

被许可人国家注册，而且你需要建立一个体系来监测商标在那个国家的使用情况。

4. 货物质量（QUALITY OF GOODS）。被许可人保证，货物制造将满足许可人在协议附件的进度中设定的规范说明。这个规范指出了被许可人所有生产的货物在外观检视上需满足的标准和质量。为进一步确保质量，对使用了知识产权的商品，被许可人每季度都会随机抽取三个商品样本给许可人，以便许可人检验货物质量。被许可人将遵守许可人在质量问题上的指导，这个指导具有可操作性和合理的财务成本。在合同生效后【数字】月内，被许可人将给许可人提供【数字】免费货物样本。无论何时许可人有同样的要求，被许可人还会另外提供给许可人一个免费样本，假设这样的要求在一个季度内不超过【数字】次。

5. 货物的设计及构成（DESIGN AND COMPONENTS OF GOODS）。被许可人将用自己的费用为货物准备或已经准备了一个计划或设计，用以展示知识产权的用途，以及所有包装、广告、营销和促销材料，同时被许可人将在合同开始生效后【数字】天内向许可人提交此计划或设计。许可人将应被许可人的请求，为其设计商品所需提供知识财产的适宜副本及其他物件。被许可人不会以任何方式在货物设计中改变知识财产。

6. 货物价格（PRICE OF GOODS）。为了保护和保持许可人在行业和公众中的名誉，被许可人只有在获得许可人事先批准之后方可降低货物价格。

7. 当事人间的关系（RELATIONSHIP OF THE PARTIES）。此合同具有非排他性。双方当事人承认且同意，许可人不同于且独立于被许可人。这个合同不应理解为创立了雇佣关系、合作关系、联合经营、信托关系或其他类似关系。任何一方当事人都不会为对方的债务或义务负责，而且任何一方当事人都没有权利使对方服从任何其他合同。被许可人可以自由地雇用或聘请任何员工或独立合同人，而且，许可人除了要求所有这些人必须签一个同意不为其他目的使用知识产权的协议，没有权利对此进行限制、解雇或雇用这些人。被许可人的责任是确保在【国家】做生意时满足全部当地法律要求。另外，被许可人要负责支付在销售区域内因货物销售产生的全部税费。许可人对被许可人在货物转售、租赁或出租中产生的损失、索赔或其他责任既不会赔偿也不会投保。

注释：被许可人与许可人相分离，其地位应该在合同中明确说明。不过，一些司法权会用与对待雇员和销售代理相似的方式来对待被许可人。有一个潜在的可能是许可人必须遵循劳动法中对利益和终止的规定，而不考虑在合同中包含保护性条款的努力。

8. 许可证费用的支付（PAYMENT OF LICENSE FEE）。在签订合同时，被许可人要支付给许可人【币种和金额】，这笔【币种和金额】中用于支付许可证授予费用的部分不可退款，剩余部分会抵免销售版税。

9. 销售版税（SALES ROYALTIES）。对于所有货物的销售来说，在直接销售中被许可人将向许可人支付以净发票总额计算的百分之【数字】，在其他销售中支付以净发票总额计算的百分之【数字】。在每个季度结束前【数字】天内，被许可人将提交一次详细报表向许可人汇报销售版税情况。这个报表必须将直接销售的数量与其他销售完成的数量分开，且必须经许可人的会计师确认其准确性。销售版税在被许可人把季度报表提供给许可人的同时支付。在许可人要求下和正常的办公时间内，合同允许许可人或其代表在被许可人的经营场所检查被许可人的会计账簿，并可以取走想要的任何账簿复印件。在那时，许可人或其代表可能会要求更多的额外票据来证明这些会计记录。被许可人应至少将这些记录保持到合同终止后两年。

10. 转让（ASSIGNMENT）。没有事先取得对方的书面同意，任何一方当事人都不能签署转让协议。没有一方会不合理地拒绝许可。许可人因为下列任何一种理由拒绝同意：当请求同意时，被许可人未履行合同规定的义务；所推荐的受让人没有经济能力履行被许可人剩余的合同义务；所推荐的受让人拒绝承担被许可人所有剩余的合同义务；或者在请求同意时，所推荐的受让人未能满足许可人对新被许可人的标准。

注释：个人服务合同的当事人根据各自独特的特性订立合同。一方当事人将合同规定的义务转让，会留给对方一个陌生的合伙人。通常情况下，对所有转让进行禁止是不可执行的，但是通过要求任何转让必须先行取得同意，当事人可保护自己。

11. 合同的终止（TERMINATION OF AGREEMENT）。合同生效【数字】个月后的任何时候，通过提前【数字】天将书面通知寄给对方，任何一方当事人可以任何理由来终止合同。发出这种通知对许可人通过法律条款寻求对其知识财产侵权的其他补偿方式不会产生影响。如果一方违反了某项合同义务，那么另一方应该在【数字】天之内送寄书面通知说明违约情况和补救要求。如果在通知规定的期限内，未能成功纠正失误，可在上个通知中所说的时间再发出一份通知说明自通知中的日期起合同终止。任何一个当事人都可以书面方式通知另一方，由于对方进行资产清算、无力偿债或无力履行其财务义务，合同立即终止。

注释：商业合同中的惯例允许几种不同的方式终止合同，取决于所处的境况。对于一些情况来说，立即终止合同是有保证的，而对于其他情况来说，过错方被允许纠正错误。使用通知时，没有必要为终止合同列出每一个可能的理由，因为你一定会漏掉一些原因，因此将自己限制在所列出理由内。在决定哪些事件会赋予终止合同的权利时，重要的是研究双方国家的法律。你的合同终止权可能受到保护性法律的限制。同样，应该避免使用术语，例如"重大"责任失误，因为这种术语是含糊的。当事人应该注明某些不会成为合同终止理由的失误，例如只延迟了5天付款。

12. 终止的实施（EFFECT OF TERMINATION）。不管什么原因导致合同终止，当初因制造、包装、销售、运输或其他货物处理而提供给被许可人的所有材料，以及被许可人及其雇员、合同商或其他代表们使用的所有材料，都将无偿交还许可人或由许可人保管。按照许可人的选择，这些东西也可以销毁，以代表许可人的被授权官员宣过誓的销毁证书为证据。

注释：这个条款允许许可人下令销毁资料而不是退回资料。没有必要退回货物，这个选择比退回资料更具有成本收益性。在任何情况下，许可人都应该在合同终止时保护其知识产权。

13. 补救方法（REMEDIES）。双方当事人承认打算建立互惠关系，为了达到这个目的，他们将通过友好谈判来努力解决双方之间的任何分歧。不过，如果产生了无法解决的纠纷，双方当事人将提交【仲裁委员会的名称】进行仲裁。仲裁在【地点】进行，除非双方当事人在提出仲裁时另行同意其他地点。任何仲裁的裁决或决定都是最终决定、不可上诉而且是决定性的，可以提交给司法管辖区的法院来作出判决。这个条款不会限制许可人追求对其知识财产专有权侵权的任何其他可得补偿。

注释：如果在被许可人本国内可以进行仲裁，那么可选仲裁为解决纠纷的方式之一。不过，在规定仲裁条款时你应该十分小心，因为并不是所有国家都有易于获得的仲裁体制。而且仲裁是对抗性的，与谈判及和解相比，通常会花费更多的成本和时间，尽管一般来说仲裁比法律诉讼花费的成本和时间要少。在一些文化中，仲裁有与法院程序相同的臭名，二者都被以怀疑的态度审视，并且被视为对个人的羞辱。

14. 修改（MODIFICATION）。只有双方当事人以书面形式共同签署，方可修改协议。

注释：要一直坚持书面更改，以避免任何已同意问题产生的后续问题。法庭不允许采用口头修改证据来改变明确且清晰的合同条款。

15. 通知（NOTICES）。按照此合同要求发出的所有通知，都必须按照合同中规定的地址，以书面形式寄送给对方。在地址更改生效后【数字】天内，一方当事人必须通知另一方地址变更。被认定的通知交付日为通知签收日。

注释：通知条款通常是一个明智的条款，确保双方当事人理解发通知的程序。这个条款可以阻止随后在通知构成方面发生的争议。

16. 执行中的放弃和延误（WAIVERS AND DELAYS OF PERFORMANCE）。在当事人寻求违约的补救方法的权利或要求严格遵守合同权利方面，任何一方当事人都不会放弃此协议中相关的任何合同条款，这仅因为当事人已经放弃了对对方当事人执行合同时的一次或多次违约行为的追究，当事人未能成功执行、拒绝执行或疏忽任何合同赋予的权利、权力或合同赋予的选择权，或者当事人没有坚持严格遵守合同规定。

17. 同意条款（TERMS OF AGREEMENT）。双方当事人已经执行了此合同以证实其意图受合同条款约束。双方当事人宣称，这个合同构成完整协议而且取代先前所有的协商、理解和陈述。每一方当事人都受鼓励，而且有机会获得独立专家的意见，包括律师和会计师，而且每一方都已作出独立决定来承担合同规定的责任。如果合同中的任何一个条款被视为不能执行或失效，可以通过修改使其生效且可执行。如果不能修改，这个条款会被视为已删除，且合同中剩余的条款仍然保持其全部效力。

注释：这个标准的合同条款很重要，而且几乎不应该从合同中删掉。其作用是建立了相互理解的基本合同概念和合同意图。在国际合同中，这些条款增添了重要性，因为考虑到例如语言、文化、环境以及缺乏经验等无形障碍，每一方当事人所理解的合同条款事实上可能非常不一致。

18. 赔偿（INDEMNITY）。双方当事人同意以下赔偿条款：

a. 由于权利的使用可能侵犯第三方的权利或损害许可人的利益，许可人可以拒绝或取消任何权利或者所有此合同赋予的权利。在这样的情况下，许可人会赔偿被许可人要求的损害赔偿和费用，而且许可人也可以选择以成本加百分之【数字】的价格，购买被许可人的原材料存货和生产货物的工具以及货物存货。

b. 如果被许可人在货物中所使用的原材料和任何设计并非由许可人提供，而遭到第三方的侵权索赔，那么被许可人会赔偿许可人所有的损害赔偿、成本以及许可人引发的费用。

任何一方当事人都承认，他们已经阅读并理解本合同的条款，并在下面相应签字。

【公司名称】

被许可人

【签名】

【签名人的姓名和头衔】

【公司名称】

许可人

【签名】

【签名人的姓名和头衔】

术语表

有关 INCOTERMS® 2010，参见第 5 章国际贸易术语与国际贸易术语解释通则。有关对国际贸易、经济、银行业、法律和运输业条款的综合词汇列表，我们推荐世界贸易出版社（World Trade Press）出版的《国际贸易词典》（Dictionary of International Trade）。

废除（Abrogation）：

取消合同中尚未执行的部分。例如，买卖双方同意货物分批交货，但是第一批货物交付后，因买方国家爆发战争，剩余批次货物不能按照合同条件运达买方，在这样的情形下，买方必须支付第一批货物的费用，至于合同未执行其他部分则被废除。

接受报盘（Acceptance）：

对报盘的无条件接受，或者，当报盘有微小变化但是不影响报盘的重要条款时，做有条件接受。参见“还盘”（Counteroffer）、“报盘”（Offer）。

通融贷款（Accommodation）：

一方（贷款方）在不考虑另一方（借款方）的情况下，对其采取的帮助措施。

清算账目（Accounting）：

违反合同时的一种补救措施，要求违约方披露财务记录。

协议与赔偿（Accord and satisfaction）：

免除合同责任，或者免除原告起诉的理由，随后，合同各方同意协商（accord）以改变其原有合同义务，并执行新的合同义务（赔偿）。例如，卖方不能获得满足合同要求的红色纺织品，就会进入协议与赔偿程序，并以较低的价格为买家提供蓝色纺织品。

承认书（Acknowledgement）：

参见“鉴定”（Authentication）。

天灾条款（Act of God clause）：

参见“不可抗力条款”（Force majeure clause）。

定式合同（Adhesion contract）：

印制好的标准合同，货物或服务的销售条款，买家通常没有权力就合同中的任何条款进行谈判，并且买家不能获得商品除非他们同意合同的条款，也被称为“要不要，不要就算”合同，或者“要就拿走，不要拉倒”合同。

附属公司（Affiliated company）：

直接或间接隶属于或受控于其他实体的商务企业。

见票后照付（After sight）：

金融工具术语。在票据出示后或被要求兑现票据后，在指定天数期限付款。例如，见票后30天付款的票据，在受票人（drawee）向收款银行（payee）出示后30天到期支付。

代理（Agency）：

当事各方之间的一种关系。在这种关系中，一方（代理人）根据另一方（委托人）的授权，代表和代理委托人的相关事务并受其约束。在有些国家，只有书面协议或者通过委托人或代理人的委托书方可建立代理关系。参见“委托书”（Power of attorney）。

代理人（Agent）：

被授权以代表另一人或者另一实体（委托人），为其服务并受其约束。

修正（Amendment）：

对法律文件的添加、删除和变更。

“要不要，不要就算”合同（À prendre ou À laisser contract）：

参见“定式合同”（Adhesion contract）。

依照原样（As is）：

合同术语。根据这个术语，在没有任何特约条款或者抵押物来保证货物变好或变坏的条件下，货物买方接受货物。

转让（Assignment）：

在受让人并非初始合同当事人的情况下，将权利、利益与合同收益从一方（让予人）转移到另一方（受让人）手中。

见票即付（At sight）：

金融工具术语。出示或要求后即可兑付的票据。例如，在受票人向收款银行出示见票即付票据后，立刻得到兑付。

财产查封（Attachment）：

在判决以前，为确保有能力支付可能判决的损害赔偿费，进行财产占有的法律程序。财产扣押可以在进入法庭审判之前进行，也可以在法庭审理过程中实施。这个过程也叫扣押（sequestration）。例如，合同一方向违约方索赔时，可以要求法庭就违约方所有指定财产的转移发出冻结令，直到法院判决为止。

鉴定（Authentication）：

以书面文件确认法律真实性的行为，通常由公证员进行。公证员保证并证明这个书面文件具有正确的法律形式，并由具有资信的人执行，公证书也叫承认书（acknowledgement）。

废止（Avoidance）：

当某种事件导致合同变得不可执行或不公平执行时，照法律程序撤销合同，合同双方免除合同责任。

货物托管（Bailment）：

在明示合同或默认契约下，货物移交到另一方（受托人）手中并受其托管。由于某种与受托管货物相关的特定原因，受托人有责任将货物返还所有者（委托人），或者在到达目的地后按照委托人指示处置货物。例如，卖方将货物交给承运人并指示其将货物运到买方指定目的地，这就建立了托管关系。在托管过程中，委托人应付给托管人佣金。在某些特殊托管过程中，托管人被要求承担更重要的责任，即将保证货物安全运输和转移到目的地。

受益人（Beneficiary）：

能从他人合同中获益的非合同当事个人或者实体。例如，在一份销售合同中规定，如果卖方在交易结束前去世，那么所得货款将归入卖方遗产中，则遗产继承者就是这份合同的受益人。

汇票（Bill of exchange）：

由一方（出票人）签章的一份书面文书，写给另一方（受票人），受票人一般是银行。这个书面文书要求受票人按要求的时间或者在未来某一时间向另一个人（收款人）无条件支付约定数量的钱。

标准用语（Boilerplate）：

用小字体印刷的标准合同条款，通常出现在预先印好的合同背面，也叫做小号字体印刷，内容一般涉及合同的小细节。参见“附属细则”（Fine print）。

诚信善意（Bona fide）：

有诚意、诚实和诚恳。例如，一个诚信善意的购买者，会按照商品价值购买商品，不会进行欺诈交易或者不正当交易。购买者应该具备与欺诈和不公平交易相关的知识，如果果真如此，那么例如当较易仿造的货物没有原产地证书时，购买者应该已经理性地知道交易中包含了欺诈。

底线（Bottom line）：

（1）财务报表中的最后一行，表明一个公司的收益；（2）合同中当事人签字处下方的线；（3）实际的，现实的。

违约（Breach）：

对法律或者协议的违反行为。

缔约能力（Capacity to contract）：

由法律规定的一个人缔结合同的资格。缔约能力通常由一个人是否成年、是否有理解合同条款的能力决定。

动产（Chattel）：

个人财产。

动产文件（Chattel paper）：

该文件以合法形式确认有价证券的利息，或者产生货币债务的特定商品的租约。

CISG：

参见《联合国国际货物销售合同公约》（Convention on Contracts for the International Sale of Goods）。

确认书（Confirmation）：

指一份用来说明协议条款的书面合同或者备忘录。没有确认书，所涉及条款较难得到证实，因此也较难执行。例如，合同双方已经口头同意或者通过一系列信件达成货物销售相关条款，可以通过签署一份包含所有条款的确认书来使协议正式化。

利益冲突（Conflict of interest）：

官员个人利益和公务之间的经济利益冲突或伦理冲突。

对偿物（Consideration）：

一个有价值的东西，作为缔结合同的诱因，从合同一方传递到另一方。没有这个缔约后的得益，合同就得不到缔结。对偿物可以包括一方获得权利、利益、利润或者好处，或者另一方承受或者忍受的宽容、不利、损失或者已知责任。例如，销售合同中的对偿物就是货物的价格。

寄售合同（Consignment contract）：

指卖方（寄售人）将货物运输给某个将要售卖这些货物的个人或经济实体（承销人）而签署的合同。承销人在扣除佣金后将已售货物的货款转给寄售人，未售出货物则退还给寄售人。

官方确认（Consulerization）：

由一国领事或者其他类似政府官员出具的鉴定文件。参见“鉴定”（Authentication）。

《联合国国际货物销售合同公约》（Convention on Contracts for the International Sale of Goods）（CISG）：

为管理各成员国国民间的国际货物销售合同，这个联合国公约制定了统一的法规。如果跨国交易商是批准 CISG 生效国的国民，那么他们的货物销售合同将受制于 CISG，除非合同另有约定。

还盘（Counteroffer）：

对进行了重要改变的报盘的答复。例如，如果卖家同意了买家要求用另一种不同材料制造商品的报盘，就完成了一个还盘。参见“接受报盘”（Acceptance）和“报盘”（Offer）。

划线支票（Crossed check）：

在正面划有两条平行横线的支票，说明其不能承兑成现金。接受这种支票的银行只能将款项支付给另一个银行，这个银行会将此款项计入到支票收款人在银行的账户中。

损害赔偿（Damages）：

由于人身伤害或者个人财产损失而请求赔偿一定数量的金钱作为补偿。损害赔偿的类型很多，取决于受伤或受损的环境，包括实际损失赔偿（赔偿实际的损失）、预期损失赔偿（赔偿当事人从交易中预期得到但是没有得到的收入）、附带损失赔偿（赔偿为减轻损失而支出的其他合理费用）和违约金（由合同规定的当一方违约时应当支付的固定数量的合理赔偿）。

设计（Design）：

指组合、图画、方案或其他对新图案、新模型、新形状、新装饰性或观赏性结构的刻画。在许多国家，可以注册设计权，注册后允许登记者在该国拥有对此设计的专有使用权。

目的地合同（Destination contract）：

一种商品销售合同。在卖家将货物运送到目的地以后，根据合同，货物的损失风险转入买方处。

票据（Documentation）：

与交易相关的财务和商业文件，这些文件包括商业发票、领事发票、海关发票、原产地证书、运货单、商检证书和汇票等。

一丝不苟（Dot the “I's” and cross the “T's”，原意为“在 i 上点个点，在 t 上画个横”）：

确定对文件中的每个细节一丝不苟。

执行（Execution）：

（1）签署文件，例如合同；（2）执行损失赔偿判决的法律程序，通常通过扣押和拍卖债务人的个人财产实现。例如，如果法院判定某个合同执行时一方违约并应当支付损害赔偿，而违约方没有能力支付，那么受损方可以要求法院通过扣押违约方财产和拍卖存货来支付裁定的赔偿金。

待执行合同（Executory contract）：

一个还没有被执行完的合同。

附件（Exhibit）：

一个合同或协议的附属文件。例如，标题是"附件A"的产品规格列表文件附属于采购合同。

附属细则（Fine print）：

以小号字体印刷的标准合同条款，通常出现在预先印好的合同背面，内容一般有关合同小细节。参见"标准用语"（Boilerplate）。

不可抗力条款（Force majeure clause）：

由于诸如自然灾害、战争或工人罢工等超过了当事人合理控制范围的事情发生，而导致合同无法执行时，这个合同条款免除了违约方的责任。

关贸总协定（GATT）（General Agreement on Tariffs and Trade）：

参见"乌拉圭回合"（Uruguay round）。

货物（Goods）：

指产品，包括原材料、半成品和制成品。合同确定的货物是指合同指定的所有产品或者出售者指定的出售给某个特定买家的所有产品。消费品指供买家个人、家庭成员和家庭使用的货物。耐用品指可以持续相当长时间而不会很快被磨损或消耗掉的货物，例如机械设备。"硬货物"（hard goods）指消费者的耐用消费品，例如家用电器。"软货物"（soft goods）指消费者的非耐用消费品，例如衣服和皮箱。

适用法律条款（Governing law clause）：

一个合同条款，指定了当事双方选择用来解释其合同的法律。由于不允许当事各方剥夺法院管辖权，因此法院可以自行决定是否尊重当事方的选择。

总合同（Integrated contract）：

包含合同双方所要达成的所有条款的合同。口头证据不能改变总合同的条款或者对总合同的条款形成补充。

知识产权（Intellectual property）：

一种因其新颖性、独特性和对创造者的价值而得到保护的无形权利，包括著作权、商标、服务标识、设计和专利。

无效合同（Invalid contract）：

参见“可撤销合同”（Voidable contract）。

法律行为（Juridical act，Juristic act）：

试图作出或者有能力作出具有法律效应的行为，例如法律权利的创立、终止和修改。签署委托书是法律行为，因为这给代理人进行了法律授权。

法人（Juridical person，Juristic person）：

被法律认为有法律权利和义务的个人或者实体。例如，有限责任公司、合作社、合伙人都是被当做法人的实体。

法律术语（Legalese）：

法律行业特有的用词。

合法化（Legalization）：

对书面合同的鉴定。参见“鉴定”（Authentication）。

违约金（Liquidated damages）：

缔约各方同意的在自愿违约时所应当支付的赔偿金总额。商定的违约金数额必须是对由于一方违约而使另一方实际遭受的损失的合理估算。违约金经常被包含在合同中，以免出现难以估计损失的情况。例如，如果货物一直没有运达买家处，买家被迫用价格更高的货物替代原来的货物，那么估算出的赔偿金额是替代原货物时增加的支出成本。但是，如果由于货物订单具有独特性，买家就无法用估算替代货物成本或者市场价值的方式作为衡量损失的标准。因此，此时各方应当选择对违约的合理赔偿数额进行估算，并同意由过失方支付违约金。

重要条款（Material terms）：

合同中的重要交易条款，一旦这些条款有改变或者被删除，整个合同将发生实质性的改变。

中间人（Middleman）：

调解人，充当买家和卖家之间的代理人和代理商。

最低限度联系（Minimum contact）：

个人与法院管辖权之间的联系，例如，在当地经营和发展业务被视为此人实际处在当地法庭司法管辖权下。

减轻赔偿（Mitigation of damages）：

由法律规定的责任，通过利用合理照管和合法清查，将一方的损害赔偿金减到最小，或者避免加重因另一方违约招致的损害赔偿或其他属于受害方的赔偿责任。例如，如果买家拒绝接受一批货物，而这批货物如果不尽快从码头边提货，将很快腐败，那么根据上述责任，在争议尚待解决时，卖家有责任采取合理步骤寻找其他买家或者将货物转移到合适的仓库中。

合同相互性（Mutuality of contract）：

合同双方共同受所缔结的合同条款约束的意愿。这种相互性是合同执行效力的基础，通过合同双方对执行合同的共同意愿和行为，这种相互性得以体现和证明。

补救相互性（Mutuality of remedy）：

合同条款，通过这个条款，合同双方都被赋予获得相同补救或者补救效应的权利。

必要条款（Necessary terms）：

关于货物、价格、交货时间和支付手段的合同条款。除非当事方已经部分或者全部履行了这个合同，否则缺少这些条款的合同被认为不可执行。一些法院认为这些条款也适用于海关贸易或者金融操作。

可转让票据（Negotiable instrument）：

一种仅当背书或交割时方可转让的书面文件。例如，支票或者汇票就是可转让票据。

无法律行为能力（Non sui juris）：

应当严格翻译成“没有自己的权利”。这个术语应用于不够法定年龄或者不具备法律能力来签署合同的人。参见“缔约能力”（Capacity to contract）。

报盘（Offer）：

希望达成合同而报给某个特定个人或实体的出价提议。这个出价提议必须包括确定的条款，并指出报价人希望被接受的意愿。例如，一个买家以某种交货方式和支付方式订购指定的货物，这就是一个报盘。参见“接受报盘”（Acceptance）和“还盘”（Counteroffer）。

开口合同（Open-end contract）：

一种协议。通过这个协议，买家可以在指定时期内的任何时间，在不需要改变货物价格或其他合同条款的条件下，购买卖家的货物。

包销合同（Output contract）：

一种协议。通过这个协议，买家同意购买卖家的全部产品。

口头合同（Parol contract）：

部分或者全部通过口头约定的合同。

口头依据（Parol evidence）：

认可合同条款的口头声明，一般来说，用口头依据对书面合同进行变更、反驳或者补充，这是不能被接受的。因此，在谈判刚开始时作出的口头声明若与最终协议不同，那么这些声明不能再被一方用来说明书面条约的含义。

当事人（对交易而言）（Party）：

代表问题、合同或争议中一方的个人、团体或者实体。

委托书（Power of attorney）：

个人或者实体（委托人）授权另一方的个人或实体（代理人）代表委托人并按照委托人的意思执行相关事务的书面文件。例如，委托人执行一份特定的委托书（授权代理人签订指定的合同）或者一般委托书（授权代理人为委托人签订所有协议）。参见“代理”（Agency）。

合同的共同利益关系（Privity of contract）：

指合同当事人之间的利益相关性。如果合同当事人在签订合同的动机上有相同的利益，那么就称有共同利益关系。

形式发票（Pro forma invoice）：

在货物销售出去或运输前由供货商提供的发票，用来通知买家有关商品种类和数量、价值、规格如重量和尺寸等信息。形式发票用来作为前期发票，和报价单一起，供海关验明货物。从法律上说，形式发票可以当做双方合同行为的证据。

订购单（Purchase order）：

买家给卖家的书面报盘文件，用以说明所提议交易的所有条款和条件。

理性人标准（Reasonable person standard）：

由法院对某人在特定情况下的行为进行测试，以评定此人是否与相同条件下的理性人表现一致。与合同相关的情况下，根据相关情形，例如根据一般贸易或行业惯例下合同方应有的理性意愿，法院会推断出缺失的合同条款。

有限制条款的合同（Requirement contract）：

卖家同意在一个指定时间以确定好的价格提供买家所有所需商品，同时在合同的有效期内，买家同意只从卖家处购买这样的货物。

撤销（Rescind）：

合同方取消合同的权利。例如，如果在合理的时间范围内合同一方未能执行合同，那么允许另一方撤销合同。

恢复原状（Restitution）：

对违约合同的法律补救，通过补救，合同当事方恢复到合同制定前或者违约发生前的状态。例如，买家提前支付了部分货款，同时卖家发送了不符合买家规格的货物，那么买家可以就恢复原状采取法律行动，返还买家提前支付的款项并退回卖家的货物。

扣押财产（Sequestration）：

参见“财产查封”（Attachment）。

可分条款（Severability clause）：

该条款规定，合同的每个条款都与其他部分彼此独立，因此如果法院判决其中某些条款无效，合同的其他部分依然有效。

反欺诈法（Statute of frauds）：

为了便于由法院强制执行，法律要求所有指定文件都以书面形式签署。例如，合同方口头同意转移不可移动财产的所有权，但是除非是书面合同，否则法庭不会判决违约方支付损害赔偿。

捆绑协议（Tying arrangement）：

卖家强加给买家的售卖条件，要求买家在买某种产品（搭售的产品）时必须同意购买另一产品（被搭售的产品），而不管买家是否两个产品都需要。有些国家的法律禁止销售中的捆绑协议。

越权（Ultra vires）：

没有得到授权就采取的行动。例如，合同条款要求每项转让都要得到合同双方共同同意，但是一方却在未经另一方同意的情况下批准了转让，此时这个转让就是越权。

不正当（Unconscionable）：

不公平或者压制。例如，有不正当条款的合同会赐予一方方便而使另一方负担沉重，以至于法庭会由于其结果的不公正而拒绝强制执行不正当的条款。

不公平竞争（Unfair competition）：

对其他贸易商采取不诚实或欺诈的贸易和商务行为。不公平竞争包括欺诈性广告、伪造以及其他类似非法贸易操作。

乌拉圭回合（Uruguay round）：

按照关贸总协定（GATT）进行的第八轮多边贸易谈判。会议于1987年在乌拉圭开始，并最终于1993年12月在117个成员国中达成协议。此轮谈判的主要目的是，减少商品贸易壁垒，加强GATT的国际作用，促进多边贸易，增强GATT在不断演变的国际经济环境中的反应力，在加强能够促进增长和发展的贸易和其他经济政策关系方面鼓励合作，建立现有贸易主导规则的多边框架。

增值税（VAT）（Value added tax）：

基于生产的每个阶段货物价值增加的部分征收的税。这些税可以被看成进口的间接贸易壁垒，因为税收被传递给了最终消费者，使得进口商品比本地商品价格更贵。

自始无效（Void ab initio）：

指在初始阶段就无效。一个合同违背了法律或违反了公共政策就是自始无效的，因为从形成的那一刻起，从未生效。

可撤销合同（Voidable contract）：

指一个有效的协议，但是这个协议因为在制定时存在缺陷和违法，在当事方之一要求之下可宣布无效。例如，如果一方采取欺骗手段使另一方相信并同意协议，尽管对欺骗方来说这个协议将被执行，但是另一方仍然可以通过选择使合同无效从而解除合同。

无效合同（Void contract）：

没有法律效应也不能签署生效或者在其他方面使其生效的协议，例如一个采取非法行动的合同。

弃权（Waiver）：

（1）放弃应有的权利和资格；（2）承认放弃了应有权利和资格的文件。

担保（Warranty）：

合同条款。一方对另一方保证事情是真实的。例如，卖家担保货物符合某种规格要求，同时买家有权退还不符合条件的货物。

参考文献

Axtell. *Do's and Taboos of International Trade: A Small Business Primer*. John Wiley Publications.

Black's Law Dictionary. West Publishing, St. Paul, Minnesota.

Curry, Jeffrey E. *A Short Course in International Negotiating*. World Trade Press, San Rafael, California. 1999.

Digest of Commercial Laws of the World. Oceana Publications, Dobbs Ferry, New York.

International Law Digest. Martindale Hubbell. 1997. Revised annually.

Hinkelman, Edward G. *A Short Course in International Payments*. World Trade Press, San Rafael, California. 1999.

Hinkelman, Edward G. *Dictionary of International Trade*. World Trade Press, San Rafael, California. 1997.

ICC Model International Sale Contract: Manufactured Goods Intended for Resale. ICC publishing, New York, New York.

Incoterms® 2010. ICC Publishing, Inc. New York, New York.

The Legal Dictionary for Bad Spellers. John Wiley Publications.

Managing for Products Liability Avoidance: The Product Integrity Program. CCH Inc., Chicago, Illinois. 1994.

Mitchell, Charles. *A Short Course in International Business Culture*. World Trade Press, San Rafael, California. 1999.

Real Life Dictionary of the Law. General Publishing Group, Inc.

Retailing in the Single European Market. Office for Official Publications of the European Communities. 1993. Available from Unipub, 4611-F Assembly Drive, Lanham, Maryland.

Schlicher. *Licensing Intellectual Property: Legal, Business, and Market Dynamics*. Wiley Law Publications, Colorado Springs, Colorado.

Simensky & Bryer, editors. *The New Role of Intellectual Property in Commercial Transactions*. Wiley Law Publications. 1994.

Sitarz. *The Complete Book of Small Business Legal Forms*. Nova Publishing.

Weiss. *Building an Import/Export Business*. John Wiley Publications.

译后记

本书的翻译工作由北京第二外国语学院倪晓宁统一组织安排，其中，第 2 章和术语表由倪晓宁翻译，第 1～5 章和第 12～17 章以及第 20 和 21 章由倪晓宁和研究生刘楠共同翻译，导言和第 6～11 章以及 18～19 章由研究生刘楠翻译，最后倪晓宁对全书进行了校对和修订。此外，翻译工作结束后，研究生王丽君、王丽和孔存节阅读了全文并提出了宝贵的改进意见。王梓任、要倩雅、冯丽君、张伟、王晓、胡安荣、王小芽、顾晓波、王博、李军、付欢、王建昌做了部分文字整理工作。在此表示感谢。

A Short Course in International Contracts: Drafting the International Sales Contract for Attorneys and Non-attorneys, fourth edition by Karla C. Shippey, J. D.

图书在版编目（CIP）数据

国际商务合同：第4版/希比著；倪晓宁，刘楠译．—北京：中国人民大学出版社，2012.3
（国际贸易经典译丛．简明系列）
ISBN 978-7-300-15205-9

Ⅰ.①国…　Ⅱ.①希…　②倪…　③刘…　Ⅲ.①国际贸易—贸易合同　Ⅳ.①F740.4
②D996.1

中国版本图书馆CIP数据核字（2012）第019957号

国际贸易经典译丛·简明系列
国际商务合同（第四版）
卡拉·希比　著
倪晓宁　刘　楠　译
倪晓宁　校
Guoji Shangwu Hetong

出版发行	中国人民大学出版社		
社　　址	北京中关村大街31号	邮政编码	100080
电　　话	010－62511242（总编室）		010－62511770（质管部）
	010－82501766（邮购部）		010－62514148（门市部）
	010－62515195（发行公司）		010－62515275（盗版举报）
网　　址	http://www.crup.com.cn		
经　　销	新华书店		
印　　刷	北京宏伟双华印刷有限公司		
规　　格	185mm×260mm　16开本	版　　次	2012年3月第1版
印　　张	13.5插页1	印　　次	2019年7月第2次印刷
字　　数	242 000	定　　价	28.00元